AI 시대에도 통하는
대학생, 사회초년생이 꼭 읽어야 할 성공의 법칙

꿈, 일, 그리고 삶, 멘토를 만나라

김원배, 손세근, 정은상 지음

꿈, 일, 그리고 삶,
멘토를 만나라

초판 1쇄 발행 2025년 10월 1일

지 은 이	김원배, 손세근, 정은상
발 행 인	권선복
편 집	권보송
디 자 인	서보미
마 케 팅	권보송
전 자 책	서보미
발 행 처	도서출판 행복에너지
출판등록	제315-2011-000035호
주 소	(157-010) 서울특별시 강서구 화곡로 232
전 화	0505-613-6133, 010-3267-6277
팩 스	0303-0799-1560
홈페이지	www.happybook.or.kr
이 메 일	ksbdata@daum.net

값 22,000원
ISBN 979-11-993921-9-9(13190)

Copyright ⓒ 김원배, 손세근, 정은상, 2025

* 이 책은 저작권법에 따라 보호받는 저작물이므로 무단전재와 무단복제를 금지하며, 이 책의 내용을 전부 또는 일부를 이용하시려면 반드시 저작권자와 〈도서출판 행복에너지〉의 서면 동의를 받아야 합니다.

> 도서출판 행복에너지는 독자 여러분의 아이디어와 원고 투고를 기다립니다. 책으로 만들기를 원하는 콘텐츠가 있으신 분은 이메일이나 홈페이지를 통해 간단한 기획서와 기획의도, 연락처 등을 보내주십시오. 행복에너지의 문은 언제나 활짝 열려 있습니다.

AI 시대에도 통하는
대학생, 사회초년생이 꼭 읽어야 할 성공의 법칙

꿈, 일, 그리고 삶, 멘토를 만나라

김원배, 손세근, 정은상 지음

Prologue

"누군가를 만나고 나서 비로소 내가 보였다"

대학 시절, 우리는 수많은 선택 앞에 서게 됩니다. 어떤 전공을 택할지, 어떤 사람들과 어울릴지, 어떤 경험을 쌓을지, 그리고 무엇보다 어떤 미래를 꿈꿀지 말입니다. 하지만 그 많은 선택 앞에서 우리는 종종 길을 잃습니다. 왜냐하면, 스스로에 대해 잘 알지 못하기 때문입니다.

이 책을 쓰게 된 가장 큰 이유는 "대학생들이 자기 삶의 방향을 주도적으로 설계할 수 있도록 돕고 싶다"라는 소망에서 출발했습니다. 많은 학생들이 '성공'이라는 단어 앞에서 두려움을 느끼고, "어떻게 해야 할지 모르겠다"라며 불안해합니다. 하지만 성공이란 거창한 것이 아닙니다. 자신을 알아가고, 자신이 원하는 삶을 향해 한 걸음 내딛는 용기, 그것이 진짜 성공의 시작입니다.

돌이켜 보면 저마다의 대학 시절은 너무도 소중한 인생의 한 장면이었습니다. 때론 방황하고, 실수도 하고, 때론 길을 잃기도 했지만, 그 모든 순간은 결국 지금의 나를 만들어주었습니다. 그 삶 속에서 결정적인 순간은 늘 '좋은 사람을 만났을 때'였습니다. 나의 가능성을 먼저 발견해 준 교수님, 내 이야기에 귀 기울여준 선배, 때론 뼈아픈 조언을 건네준 멘토. 그들이 있었기에 나의 길은 조금씩 선명해질 수 있었습니다.

멘토는 우리 인생의 나침반이 되어줍니다. 단지 방향만을 알려주는 것이 아니라, 지금 어디쯤 와 있는지를 알려주고, 다시 나아갈 용기를 불어넣어 줍니다. 그 만남이 없었다면, 우리는 더 많은 시행착오를 겪으며 방황했을지도 모릅니다. 그래서 이 책은 여러분이 '자기 삶의 항로'를 찾을 수 있도록 도와주는 현실적인 성공의 지도이자, 삶의 멘토링 가이드북이 되기를 희망합니다.

책은 총 여섯 개의 장으로 구성되어 있습니다.
첫 번째 장에서는 자기 이해와 진로 설정에 관해 이야기합니다. 많은 학생이 전공 선택이나 진로 방향에서 어려움을 겪고 있지만, 그 근본에는 자기 자신에 대한 이해 부족이 있습니다. 자신의 흥미와 강점을 발견하고, 그것을 사회와 연결하는 과정이 얼마나 중요한지를 다양한 사례를 통해 보여줍니다.

두 번째 장에서는 후회 없는 대학 생활을 설계하는 방법을 제시합니다. 졸업을 조금 늦춘다 해도 다양한 경험을 통해 자신을 확장시키는 것이 더 중요하다는 것을 알려주며, 그 과정에서 멘토의 역할이 얼마나 큰지 다시금 조명합니다.

세 번째 장부터는 실무에 뛰어든 현직자들의 진짜 이야기, 면접과 취업 전략, 대학원과 연구직 선택에 이르기까지 다양한 진로 상황에서 맞닥뜨리는 문제들에 대한 실질적인 조언을 담고 있습니다.

그리고 마지막 장에서는 취업 이후의 삶, 커리어 성장에 대한 장기적 관점을 담아, 단순한 취업 성공이 아닌 인생의 성장을 이야기합니다.

이 책을 통해 우리는 단지 취업의 정답을 찾는 것이 아니라, 자기만의 질문을 만들 수 있기를 바랍니다. "나는 누구인가?", "나는 어떤 방식으로 살아가고 싶은가?", "내가 잘하는 것은 무엇이며, 그것으로 무엇을 할 수 있을까?"라는 질문은 여러분의 인생을 한층 더 깊이 있게 만들어줄 것입니다.

지금 이 책을 펼친 당신은 이미 첫 번째 발걸음을 뗀 사람입니다. 막연한 불안함을 넘어서기 위해, 더 나은 미래를 꿈꾸기 위해, 자기 삶의 주인으로 서기 위해. 누군가는 당신을 기다리고 있습니다. 그리고 그 누군가와의 만남은 바로 이 책의 한 페이지에서 시작될 수 있습니다.

지금 이 순간부터, 여러분의 여정이 시작됩니다. '멘토를 만나라, 대학생, 사회 초년생이 반드시 알아야 할 성공의 법칙' 속에서 인생의 성공 공식을 새롭게 써 내려가세요.

2025년 6월
저자 일동

Contents

Prologue
"누군가를 만나고 나서 비로소 내가 보였다" • 004

Chapter 1
나를 이해하고
진로를 명확히 설정하라

잘못된 전공 선택, 지금이라도 바로 잡자 ·················· 012
나의 흥미와 적성을 명확히 파악하자 ····················· 019
학점과 스펙만으로는 불안한 당신에게 ···················· 025
진로 방향성이 흔들릴 때 효과적인 고민 해결 방법 ············ 034
내 강점이 취업 시장에서 통할까? ························ 042

Chapter 2
후회 없는 대학 생활을
설계하라

졸업이 늦어도 다양한 경험이 중요한 이유 ·················· 052
효과적인 인턴십과 대외 활동 선택 노하우 ·················· 060
대학생 때 취득해야 하는 필수 스펙과 자격증 ················ 066
성공하는 대학생의 시간 관리법 ·························· 073
대학생 때 꼭 만날 멘토 활용법 ·························· 082

Chapter 3
현직자가 들려주는 리얼 직무 이야기

직무 경험자가 들려주는 업무의 실상 ·· 090
내 성향과 전공에 맞는 직무 찾기 ·· 096
슬기로운 회사 생활을 위한 노하우 공유 ·· 105
상사와의 갈등을 이겨내는 법 ·· 113
식품 업계 전문가의 생생한 경험 스토리 ·· 120

Chapter 4
바로 활용하는 취업 전략과 면접 팁

면접 준비의 첫걸음, 스스로 면접관이 되어보라 ·································· 128
기업에서 선호하는 자기소개서 작성법 ··· 136
서류는 통과하는데 면접에서 매번 떨어지는 이유 ································ 144
경쟁력 있는 지원자로 보이게 하는 팁 ·· 152
면접 공포를 극복하는 현실적인 방법 ·· 159

대학원 진학 vs 바로 취업, 선택 방법

대학원 진학이 꼭 필요할까? · 166
석사 학위가 실제로 필요한가? · 172
연구직 취업의 현실적인 전망 · 178
대학원 선택할 때 가장 중요하게 고려할 것 · 184
대학 졸업 후, 기업 연구직에 입사하기 위한 전략 · 189

취업 후 성공적인 커리어 구축하기

취업 후 삶의 목표를 잃지 않는 법 · 196
직장에서 워라밸 관리법 · 203
신입 사원이 반드시 챙겨야 하는 실무 팁 · 209
사회 초년생, 실수 대응법 · 216
입사 후 커리어 성장을 위한 장기 계획 세우기 · 224
인공지능 시대, 우리가 나아가야 할 방향 · 232

Epilogue
"멘토를 만나면 삶이 바뀐다. 내가 멘토가 되면 세상이 바뀐다" · 242

[Appendix]
흔히 나오는 질문들과 실전적 답변 · 245

출간후기
"삶의 방향을 스스로 설계하도록 돕는 힘" · 254

Chapter 1

나를 이해하고
진로를 명확히
설정하라

-김원배-

✱

- 잘못된 전공 선택, 지금이라도 바로 잡자
- 나의 흥미와 적성을 명확히 파악하자
- 학점과 스펙만으로는 불안한 당신에게
- 진로 방향성이 흔들릴 때 효과적인 고민 해결 방법
- 내 강점이 취업 시장에서 통할까?

✳ 잘못된 전공 선택,
   지금이라도 바로 잡자

　대학 진학 당시 전공 선택은 인생의 방향을 결정짓는 중요한 순간이다. 잘못된 전공 선택은 취업 준비 과정에서 어려움을 초래하기도 하고, 반대로 적절한 전공 선택은 성공적인 커리어의 시작이 되기도 한다.

　민수 씨는 부모님의 권유로 공학 계열로 진학했지만, 본인은 항상 심리학에 관심이 많았다. 중고등학교 시절에도 또래상담반에서 동아리 활동을 하면서 친구들의 이야기를 들어주는 활동이 좋았었다. 대학교 학과 선택을 앞두고 부모님과 많은 갈등이 있었다.
　"심리학을 공부해서 어떻게 먹고살려고 그러니, 그래도 공학도가 되어야 대기업에 취업도 하고 돈도 벌 수 있지 않겠어"라며 가족들은 민수 씨를 설득하려고 무척 애를 썼다. 그는 결국 가족들의 뜻에 따라 심리학을 포기하고 공학 계열로 진학했다. 관심 없던 학과였기에 학업에 흥미를 느끼지 못한 민수 씨는 성적도 낮을 수밖에 없었다.

4학년이 되어서는 취업을 위해 서류를 제출하고 합격해도 면접에서 번번이 실패했다. 전공과 관련해서 지원서를 제출했지만, 전공지식과 관련된 면접 질문에 자신감을 잃고 제대로 답하지 못했다. 결국 몇 년간의 취업 준비에도 원하는 직장을 얻지 못하고 자신감마저 잃어버리면서 취업을 포기하고 부모님이 운영하는 식당에서 보조 일을 하고 있다.

민지 씨는 중고등학교 때 숫자를 계산하는 데 관심이 많아서 자신이 경제에 흥미를 가지고 있다는 점을 파악했다. 고등학교 때 담임 선생님의 도움을 받아 진로 탐색을 하면서 경제학 관련 서적과 신문 기사를 꾸준히 읽었고, 경제 관련 동아리에 가입해서 활발하게 활동했다.

대학 입학 후 경제학과를 선택한 민지 씨는 전공과 연계된 인턴십과 금융 공모전에 적극적으로 참여하면서 실무 경험을 쌓았다. 그렇게 적극적으로 활동하고 공부하면서 대학교 졸업 후 국내 대형 금융회사에 입사해서 전문성을 인정받으며 금융 전문가로 성장하고 있다.

유정 씨는 전공을 경영학으로 선택했으나, 대학 졸업 후 디자이너가 되고 싶다는 진짜 적성을 발견했다. 그러나 이미 전공이 달라 관련 포트폴리오와 실력을 갖추는 데 오랜 시간이 걸려 동기들보다 사회 진출이 상당히 늦어졌다.

그래도 대학교 다니면서 자신의 관심거리와 적성을 발견한 것을 다행이라고 생각하면서 디자이너의 꿈을 성장시키고 있다.

민수 씨의 사례는 본인의 흥미와 적성을 무시하고 가족의 권유에 따라 전공을 선택했을 때 발생할 수 있는 부정적인 결과를 잘 보여준다. 심리학에 관심과 적성이 있었음에도 불구하고 공학 계열을 선택한 결과, 학업에 흥미를 잃었고, 결과적으로 취업에서도 어려움을 겪었다. 이는 전공 선택에서 본인의 관심과 흥미를 반영하는 것이, 얼마나 중요한지를 보여주는 사례다.

반면, 민지 씨의 사례는 고등학교 때부터 자신의 흥미를 명확하게 파악하고 목표를 설정하여 이를 적극적으로 준비한 성공적인 사례다. 관심 분야에 맞춰 경제학과로 진학한 민지 씨는 꾸준히 실무 경험을 쌓으며 전공에 대한 전문성을 확보했고, 졸업 후 원하는 금융회사에 취업하여 전문성을 인정받고 있다. 이 사례는 전공 선택이 개인의 성장과 성공적인 커리어 구축에 직접적으로 연결될 수 있음을 명확하게 보여준다.

 유정 씨는 전공 선택이 잘못되었더라도 본인이 원하고 적성이 있는 분야를 늦게나마 찾았을 때, 이를 통해 충분히 방향을 다시 잡을 수 있음을 보여주는 긍정적인 사례다. 비록 전공을 바꾸는 과정에서 사회 진출이 늦어지긴 했지만, 디자이너라는 새로운 꿈을 발견하고 이를 꾸준히 준비하고 있는 모습은 전공 선택이 잘못되었어도 미래에 대한 희망과 가능성이 얼마든지 있음을 강조한다.

 위 세 명의 사례를 통해 우리가 배울 수 있는 것은 무엇일까? 삶의 설계는 본인 스스로 해야 한다는 점이다. 사회에 첫발을 내딛는 것은 매우 중요하다. 어떤 일을 하며 사회생활을 시작하느냐에 따라 삶의 방향성이 바뀌기 때문이다.
 대학교 전공을 선택하기 위해서는 나름대로 기준을 가지고 접근해야 한다.

 "전공이 나와 맞지 않는 것 같아요."
 많은 대학생이 2, 3학년이 되면서 이런 고민을 토로한다. 실제로 한 식품공학과 학생은 처음에는 단순히 '취업 잘되는 학과'라는 이유로 진학했지만, 수업이 어렵고 흥미가 생기지 않아 방황을 시작했다. 하지만 이 학생은 포기하는 대신, 자신의 흥미를 탐색해 보기로 했다. 마케팅 동아리에 들어가면서 소비자 조사, 홍보 전략 수립 등에 흥미를 느꼈고, 이를 식품 분야와 연결할 수 있는 방법을 찾기 시작했다. 식품 마케팅이라는 새로운 진로 방향이 생긴 것이다.

이처럼 잘못된 전공 선택이 반드시 전과나 자퇴로 이어질 필요는 없다. 전공 내부에서 나의 흥미와 맞닿은 영역을 찾는 것이 첫 번째 방법이다. 만약 식품영양학을 전공하고 있지만 연구보다 사람을 만나고 소통하는 걸 좋아한다면, 영양 상담이나 식품 유통 분야로의 확장도 가능하다.

준비 방향으로는 첫째, 다양한 활동을 통해 직무를 체험해 보는 것이 중요하다. 예를 들어, 마케팅에 관심 있다면 교내 마케팅 공모전에 참가하거나, SNS 채널을 운영해 보자. 둘째, 인턴십이나 실습 기회를 적극적으로 활용하자. R&D에 흥미가 있다면 실험실 조교나 학부 연구생으로 활동해 보는 것도 좋은 출발이다. 셋째, 전공 수업에서 흥미로운 부분을 중심으로 자신의 진로와 연결해 보는 시도도 필요하다.

잘못된 선택은 되돌릴 수 있다. 중요한 것은 지금 이 순간, 내가 어떤 선택을 하고 어떻게 방향을 조정하느냐다.

전공 선택은 단지 대학 생활만을 결정하는 것이 아니라, 개인의 전반적인 삶과 미래 커리어에 큰 영향을 미치는 중요한 결정이다. 그렇기 때문에 전공 선택은 신중하게 자신의 흥미와 적성을 고려하여 결정하는 것이 바람직하다.

진로는 언제든지 변할 수 있다. 중고등학교 시절에 의사가 꿈이었는데 대학 들어가서 꿈이 바뀌는 경우도 있고, 직장 생활을 하면서도 진로 목표가 바뀌기도 한다.

전공 선택도 마찬가지다. 잘못된 선택을 했더라도 언제든지 자신의 관심과 적성을 다시 찾아 새로운 길을 열어 갈 수 있다는 점에서, 너무 늦었다고 포기하지 말고 적극적으로 자신의 적성을 탐색하고 새로운 목표를 향해 나아가는 태도가 중요하다.

전공 적합도 셀프 체크

다음장의 문항을 읽고 지금 나의 전공 상태를 점검해 보세요.

전공을 선택한 이유는 무엇인가요? (복수 선택 가능)

- ☐ 흥미가 있어서
- ☐ 적성에 맞는 것 같아서
- ☐ 취업이 잘될 것 같아서
- ☐ 부모님/주변의 권유
- ☐ 점수에 맞춰서 어쩔 수 없이
- ☐ 기타: (   )

지금 배우고 있는 전공 수업에 흥미를 느끼나요?

☐ 매우 그렇다 ☐ 어느 정도 그렇다 ☐ 보통이다
☐ 별로 없다 ☐ 전혀 없다

전공 관련 관심 있는 직업 분야가 있나요?

☐ 있다 ➡ 어떤 분야인가요?

☐ 없다 ➡ 왜 그런가요?

전공 관련 분야 외에 관심 있는 분야가 있다면 자유롭게 적어보세요

✱ 나의 흥미와 적성을
　　명확히 파악하자

"좋아하는 일은 있는데 잘하는지 모르겠어요."
"적성에 맞는 일을 어떻게 찾아야 할까요?"

이런 질문은 진로를 고민하는 많은 학생이 공통적으로 던지는 이야기다. 나의 진로를 찾는 과정은 이 질문에서부터 시작된다.

예를 들어, 한 학생은 어릴 적부터 그림 그리기를 좋아했지만, 자신이 선택한 식품 관련 전공과 어떤 연결점이 있을지 몰라 답답함을 느꼈다. 그러던 중 '식품 패키지 디자인'이라는 분야를 알게 되었고, 이를 계기로 디자인 공모전에 참가하면서 자신만의 진로 실마리를 찾았다.

또 다른 학생은 과학 실험에 흥미를 느껴 학부 연구생 활동을 시작했고, 직접 실험 데이터를 다루며 연구의 매력에 빠져 자연스럽게 대학원 진학이라는 길을 선택하게 되었다.

이처럼 흥미와 적성을 파악하는 첫걸음은 뭔가를 해보는 것이다. 작게라도 관심 있는 분야의 활동을 직접 경험해 보는 것이 중요한 것이다.

어르신 요양 관련 상담에 관심이 있다면, 요양병원에서 자원봉사를 해보면 된다. 마케팅에 흥미가 있다면, 직접 SNS 채널을 운영해 보거나 브랜딩 관련 책을 읽고 사례 분석을 시도해 보는 것도 좋은 방법이다.

이렇게 직접 몸으로 부딪쳐 보는 것도 중요하고 다양하게 검사 도구를 활용하는 것도 흥미와 적성을 찾는 데 도움이 된다. 커리어넷에서 제공하는 '진로개발준비도검사'와 '이공계전공적합도검사'는 자신의 성향과 진로 준비 상태를 객관적으로 확인할 수 있는 도구이다.

고등학생인 지훈이는 '진로개발준비도검사'를 통해, 자신의 진로 성숙도는 높지만, 진로 계획과 관련된 정보 탐색 능력이 부족하다는 결과를 받았다. 이를 계기로 자신이 가고 싶은 학과의 커리큘럼과 진로 정보를 스스로 조사해 보기 시작했고, 관심 있던 생명과학 분야가 실제로 어떤 직업군과 연결되는지도 구체적으로 알게 되었다.

훈재는 '이공계전공적합도검사'에서 '문제해결력'과 '분석적 사고력'이 강점으로 나타났고, 이 결과를 통해 기존에 막연하게 생각했던 기계공학과가 자신에게 잘 맞는 전공일 수 있다는 확신을 얻었다. 이후 기계공학 관련 체험 프로그램에 참여하면서 흥미와 적성이 실제로 일치하는 것을 확인했고, 학과 선택에 자신감을 가질 수 있었다.

나의 흥미와 적성을 찾는 과정에서 중요한 것은 '검사 결과에만 의존하지 말고', 직접 행동하며 경험을 통해 교차 검증하는 것이다. 진로는 앉아서 머리로만 생각한다고 정해지는 것이 아니라, 작은 실천과 경험을 통해 하나씩 방향이 보이는 과정이기 때문이다.

지금 나의 흥미와 적성을 알아가고 싶다면, 무엇이든 '시작'해보자. 그 경험이 언젠가 진로의 길잡이가 되어줄 것이다.

진로 준비 4단계

진로는 어느 날 갑자기 정답이 툭 튀어나오는 것이 아니다. 평소 관심을 가지고 구체적인 행동을 하면서 다양한 경험을 쌓고 나만의 삶에 대한 방향성을 정리하는 과정 속에서 점점 선명하게 나타나는 것이다.

1단계	관심 분야 리스트 작성	무엇에 관심 있는지, 하고 싶은 분야가 무엇인지 떠올려보는 단계
2단계	관련 활동 탐색 및 참여	1단계에 적힌 관심 분야와 관련된 활동을 일단 시작해 보는 단계
3단계	경험 후 느낀 점 기록	참여 활동 후에 느낀 감정, 생각과 어떤 배움을 얻었는지를 글이나 메모로 남기는 단계
4단계	진로 방향 정리	나의 흥미와 적성을 바탕으로 어떤 진로가 나와 잘 맞는지 구체화하는 단계

진로개발준비도검사

아래 문항을 읽고 현재 나의 상태에 해당하는 점수를 적어보자.

1점 (전혀 그렇지 않다),
2점 (그렇지 않다),
3점 (보통이다),
4점 (그렇다),
5점 (매우 그렇다)

자기 이해 (나를 아는 힘)	
문항	점수 (1~5)
1. 내가 좋아하는 것과 잘하는 것을 구분할 수 있다.	
2. 나는 어떤 환경에서 나의 능력을 가장 잘 발휘하는지 알고 있다.	
3. 내가 중요하게 생각하는 가치를 잘 안다.	
4. 나의 성격과 강점이 어떤 직업과 어울리는지 설명할 수 있다.	

진로 탐색 (세상을 아는 힘)	
문항	점수 (1~5)
5. 나는 다양한 직업과 전공에 대한 정보를 수집해 본 경험이 있다.	
6. 내가 희망하는 직무의 자격 요건과 근무 환경을 알고 있다.	
7. 진로와 관련된 멘토나 전문가와 이야기를 나눈 적이 있다.	
8. 관심 있는 분야에 대한 체험이나 인턴 경험이 있다.	

진로 계획 (길을 설계하는 힘)	
문항	점수 (1~5)
9. 나는 장단기 진로 목표를 구체적으로 세워보았다.	
10. 내가 원하는 직무나 분야에 도달하기 위한 준비 계획이 있다.	
11. 나의 진로 계획은 나의 흥미, 적성, 가치관을 반영하고 있다.	
12. 계획이 흔들릴 때 대안을 생각해 본 적이 있다.	

진로 실행 (행동으로 옮기는 힘)	
문항	점수 (1~5)
13. 목표한 진로를 위해 필요한 자격증, 어학, 포트폴리오 등을 준비하고 있다.	
14. 스스로 진로를 위해 시간이나 노력을 투자하고 있다.	
15. 실패하거나 방향이 틀어졌을 때 다시 도전한 경험이 있다.	
16. 실제 구직 활동(이력서 작성, 면접 준비 등)을 해 본 적이 있다.	

✱ 점수 해석 ✱

영역별 합계를 계산해 본다.

16~20점	매우 잘 준비하고 있음
12~15점	어느 정도 준비되어 있으나 보완이 필요함
8~11점	준비가 부족함. 구체적인 실행이 필요함
4~7점	기초적인 준비부터 차근차근

✳ 학점과 스펙만으로는
　　불안한 당신에게

"학점이 4.3인데, 진짜 필요한 것은 무엇인가요?"
"자격증도 많고, 공모전 수상 경력도 있는데 서류전형에서 계속 탈락하는 이유가 도대체 뭐냐고요?"
"인공지능 시대에 진짜 필요한 것은 무엇인가요?"

매년 수많은 취업 준비생이 이런 이야기를 하고 있다. '학점과 스펙'은 분명 취업 준비에 있어 중요하다. 하지만, 학점이 높다고, 자격증이 많다고, 반드시 좋은 회사에 들어가는 시대는 끝났다. 왜일까? 바로 시대는 꾸준히 변하고 있기 때문이다.

정우 씨는 대학 내내 '취업이 잘 되는 길'만을 좇아 살아왔다. 학점은 전 과목 A+에 가까웠고, 토익 950점, 자격증 3개, 해외 인턴 경험까지 갖춘 완벽한 이력서였다. 부모님과 친구들도

"넌 어디든 붙겠다"라고 말할 정도였다. 하지만 막상 대기업 채용에서 연달아 불합격의 쓴맛을 보게 된다. 대부분의 면접관들은 이런 말을 했다.

"이 많은 경험 중 본인이 진짜 열정을 느꼈던 건 뭔가요?"
"이 프로젝트에서 당신의 구체적인 기여는 무엇이었나요?"

정우 씨는 이 질문을 받는 순간 말문이 막혀서 한마디도 자신의 생각을 밝히지 못했다. 그는 스펙을 채우는 데만 집중했지, 그 경험 속에서 자신이 무엇을 느끼고 어떤 성장을 했는지를 돌아본 적이 없었기 때문이다. 결국 화려한 이력도 그의 재능을 증명해 주지 못했다.

정우 씨와는 달리 우진 씨는 화려한 스펙을 가지고 있지는 않았다. 학점은 3.2로 평범했고, 토익도 800점대 수준이었다. 눈에 띄는 자격증도 없었고, 공모전 수상 경력도 없었다. 주변 친구들에 비해 뒤처졌다고 느끼는 순간도 많았지만, 그는 자신만의 속도로 역량을 쌓아갔다. 우진 씨는 2학년 때 우연히 동아리 활동에서 지역 청년 대상의 창업 아이디어를 기획하고 발표하는 프로젝트에 참여하게 되었다. 그는 직접 시장조사를 하고,

사용자 인터뷰를 진행하며 아이디어를 구체화시켰다. 이 경험을 통해 소비자의 관점에서 문제를 정의하고 해결책을 설계하는 과정에 큰 흥미를 느꼈고, '기획'이라는 일의 매력을 알게 되었다.

그 후, 그는 학과 수업 중 발표 주제나 과제에서도 기획 관련 아이템을 선택했고, 친구들과 소규모 팀을 만들어 비영리 청년 커뮤니티를 운영하기 시작했다. 그 커뮤니티에서 이벤트를 기획하고 콘텐츠를 제작하며 기획-운영-홍보-피드백 전 과정을 직접 경험했다. 졸업을 앞두고 그는 마케팅 기획 직무에 지원했고, 면접에서 이렇게 말했다.

"전국 공모전은 아니었지만 제가 만든 프로젝트를 통해 사용자의 문제를 정의하고, 그에 맞는 서비스를 실제로 운영하며 결과를 도출하는 과정을 직접 경험했습니다. 저는 문제를 끝까지 책임지고 해결하는 데 강점을 가진 사람입니다."

면접관들은 그의 솔직함과 실행력 중심의 경험에 깊은 인상을 받았고, 결국 그는 대기업의 브랜드 마케팅 직무에 최종 합격하게 되었다.

정우 씨와 우진 씨는 미래 진로 목표를 준비하는 방향이 완전히 달랐다. 결과 또한 완전히 다르게 나타났다. 정우 씨는 이력서 채우는 것에 집중했고, 우진 씨는 경험과 행동하는 과정에 집중했다.

화려한 스펙보다도, 경험의 진정성과 문제 해결 역량이 더욱 주목받는 시대에 우리는 살고 있다. 우진 씨는 평범한 이력 속에서도, 자신이 주도적으로 해 본 경험을 통해 자기만의 강점을 말할 수 있는 준비가 되어 있었다. 중요한 것은 얼마나 많은 경험을 했느냐가 아니라, 한 경험에서 얼마나 깊이 있게 배우고 성장했느냐이다.

스펙은 겉모양일 뿐, 기업 인사 담당자가 궁금해하는 것은 그 안의 내용이다. 같은 공모전 수상이라도 '팀 내에서 어떤 역할을 맡았는지', '어떤 위기를 어떻게 극복했는지', '이 경험이 본인에게 어떤 배움이 되었는지'가 훨씬 중요한 것이다.

요즘에는 AI 면접을 보는 회사들도 많다. AI는 이력서의 자격증 칸을 보며 감탄하지 않는다. 오히려 "이 사람은 이 일을 맡겼을 때 성과를 낼 수 있을까?", "팀원들과 원활히 소통할 수 있을까?", "변화에 잘 적응할 수 있을까?"를 평가하게 된다. 산업 기술은 계속 변하고, 한번 배운 지식은 금방 과거의 지식이 되는 시대에 우리는 살고 있다. 이런 환경에서 필요한 것은 '암기한 지식'이 아니라 '빠르게 배우고 적용할 수 있는 힘'이다.

요즘 기업은 인문학, 예술 분야, 이과생 등 전공을 넘나드는 다양한 인재를 뽑는 경우가 많다. 대학에서는 융합학과도 등장하고 있다. 결국 핵심은 전공이 아니라 문제를 바라보는 방식, 해결하는 능력, 사람과 협력하는 태도에 있다.

그렇다면 우리는 무엇을 준비해야 할까?
이제는 달라진 채용 환경에 맞춰 새로운 준비가 필요하다.

1) 왜 경험을 했는지 목적을 명확히 하라.

공모전이든 봉사활동이든, 단순히 '이력 채우기'가 아닌 '배움과 성장을 위한 도전'으로 접근해야 한다. "왜 이걸 했는가?", "어떤 점에서 나에게 의미 있었는가?"를 끊임없이 질문을 통해서 스스로 알아야 한다.

2) 나만의 이야기를 문장으로 만들어보자.

경험을 통해 느낀 점, 깨달음, 변화를 나만의 이야기로 만들어본다. 즉 나의 활동들을 가지고 스토리텔링이 되어야 한다.

이 이야기는 면접이나 자기소개서에서 강력한 무기가 된다.

3) 협업 활동을 경험하자.

혼자 잘하는 것도 중요하지만, 이제는 '함께 잘하는 사람'이 환영받는 시대다. 동아리, 팀 프로젝트, 스터디 등에서 협업을 통해 커뮤니케이션 능력과 갈등 해결력을 키워야 한다.

4) 세상 트렌드를 빠르게 배우자.

세상은 빠르게 변한다. 인공지능, 데이터 분석, 영상 편집 등 하나라도 새로운 도구를 직접 다뤄보는 경험은 '나는 변화에 적응할 수 있는 사람'이라는 신호가 된다.

5) 내 분야의 문제점을 찾고 해결해 보자.

관심 있는 분야의 문제를 정의하고, 작은 솔루션을 스스로 실행해 보는 것도 훌륭한 경험이다. 이를 포트폴리오나 프로젝트 형태로 보여줄 수 있다면 가장 강력한 자신의 역량을 증명하게 되는 것이다.

6) 진짜 실력을 쌓는 사람이 이긴다.

학점과 스펙은 취업에 중요한 티켓일 수는 있다. 하지만 그것만으로는 문을 넘을 수 없다. 진짜 중요한 것은, 그 문을 넘어선 이후에도 스스로 생각하고 해결하는 힘이다.

인공지능 시대, 지식은 누구나 검색할 수 있다. 하지만 경험을 통해 체득한 문제해결력, 협업력, 실행력은 검색할 수 없다. 그건 바로 당신만의 무기가 될 수 있다.

여러분들이 지금까지 채워온 학점과 스펙이 의미 없다는 말이 아니다. 그것이 어떤 경험으로 연결되었고, 나를 어떻게 성장시켰는지가 중요하다는 것이다. 불안한 마음이 들 때, 스펙을 더 채우기보다 한번 잠시 자신에게 물어보자.

"나는 어떤 문제를 해결할 수 있는 사람인가?"
"나는 어떤 방식으로 일하고 싶은가?"

이 질문에 자신 있게 대답할 수 있을 때, 당신은 이미 그 누구보다 강한 경쟁력을 갖춘 사람인 것이다. 이제는 '보여주는 나'에서 '실행하는 나'로 바꿔보자. 그것이 진짜 취업 문을 여는 열쇠가 될 것이다.

내가 지금까지 쌓아온 취업 준비 항목을 체크해 보세요.

- ☐ 높은 학점 유지 (3.8 이상)
- ☐ 어학 점수 (예: 토익, 토스 등)
- ☐ 자격증 취득
- ☐ 인턴 또는 아르바이트 경험
- ☐ 공모전/대외 활동 수상 경력
- ☐ 프로젝트 경험
- ☐ SNS 운영, 콘텐츠 제작
- ☐ 협업 또는 팀 프로젝트 경험
- ☐ 면접 준비, 자기소개서 첨삭
- ☐ 없음

위에서 체크한 항목 중에서 '**의식적으로 채운 것**'과
'**내가 관심 있어서 몰입했던 것**'을 구분해 보세요.

♦ 의식적으로 채운 것 :

♦ 몰입하고 즐겼던 경험 :

내 경험을 되짚어 보기	
아래 질문에 본인이 활동한 것을 구체적으로 정리해 보세요. (공모전, 봉사활동, 동아리, 프로젝트 등 자유롭게 선택)	
활동명	
활동 시기	
내가 맡았던 역할	
해결하려 했던 문제 또는 목표	
과정에서 어려웠던 점	
그 경험을 통해 배운 것은?	
이 경험에서 발견한 나의 강점은?	

✶ 진로 방향성이 흔들릴 때
　 효과적인 고민 해결 방법

"어느 날 갑자기, 내가 뭘 하고 싶은지도 모르겠고, 준비하던 것도 다 허무해졌어요."

한 대학생이 나를 찾아와서 이렇게 말했다. 열심히 토익도 공부하고, 자격증도 따고, 대외 활동도 해 왔는데 문득 '내가 이걸 왜 하고 있는 거지?'라는 생각이 들었다는 것이다. 준비는 열심히 했는데, 방향이 보이지 않아 더 막막하다고 울먹이는 모습이 너무 안쓰러웠다.

취업을 준비하는 수많은 청년에게는 이런 순간들이 반복해서 나타난다. 진로에 대한 고민은 미래에 대한 방향이 분명하지 않기 때문에 더 괴롭다. 목표가 확실하면 버틸 수 있는데, 가야 할 길이 모호하니 모든 준비가 공허하게 느껴진다. 하지만 이런 흔들림은 비정상이 아니다. 오히려 자신을 돌아볼 줄 아는 '성장의 순간'이다. 다만, 그 시간을 막막하게 흘려보내지 않기 위해 뭔가를 해봐야 한다.

1) 나를 이해하는 데 시간을 투자하는 것이다.

우리는 고등학교까지 정해진 교육과정과 정해진 진도를 따라왔다. 그러나 대학 이후에는 선택의 연속이다. 이때 가장 중요한 것은 '자기 이해'다. 자신이 좋아했던 활동, 싫어했던 경험, 성취를 느꼈던 순간, 좌절했던 경험 등을 기록해 보자.

"대학교 2학년 여름방학 때 인턴을 했는데, 매일 같은 업무를 반복하니 너무 지루했다. 반면, 동아리에서 발표를 준비할 땐 시간 가는 줄 몰랐다."

이 한 줄의 기록만으로도 우리는 자신이 좋아서 한 활동의 의미를 찾을 수 있다. 반복적인 업무보다 창의적인 기획이나 사람 앞에서 표현하는 일을 더 선호한다는 점이다.

A4 용지 한 장을 꺼내서 '내가 몰입했던 순간', '후회했던 선택', '칭찬받았던 경험'을 키워드로 자유롭게 적어보자. 이를 통해 자신의 '일 스타일', '선호 업무 환경', '가치관'을 정리할 수 있다.

2) '직업인 인터뷰'를 활용하는 것이다.

진로가 흔들릴 때 가장 효과적인 방법은 현장에서 일하고 있는 사람들의 이야기를 듣는 것이다. 경영학과 4학년인 민지는 마케팅 직무를 희망했지만, 실제 업무에 대해 잘 몰라 불안했다. 그녀는 SNS를 통해 현직 마케터에게 메시지를 보내 인터뷰를 부탁했다. 그리고 만남을 통해 마케팅 업무가 회사에서 실제로 일어나고 있는 상황들을 파악할 수 있었다. 민지는 오히려 사람과의 관계를 더 중요시한다는 걸 깨닫고 '인사팀'으로 방향을 전환했다.

인터뷰 한 번으로 진로를 완전히 바꾼 건 아니다. 하지만 '판단 기준'이 생긴 것이다. 막연한 동경이 아니라, 실제와 나를 비교하며 선택할 수 있게 되었다. '커리어넷 직업인 인터뷰', '워크넷 직업인 이야기', 인터넷상에서 직업인 인터뷰 기사 등에서 현직자의 글을 읽고, 질문을 정리해서 분석해 보자. 이런 활동을 통해 "이 일이 나랑 맞을까?"를 계속 물어보는 것이다.

3) 실패와 괴로움은 방향을 찾는 재료다.

취업 준비를 하다 보면 자존감이 무너지는 순간이 자주 온다. 서류 탈락, 면접 탈락, 친구들과의 비교 등 이러한 경험은 누구에게나 치명적이다. 하지만 감정을 억누르기보다, 그 감정을 기록하는 것만으로도 '회복 탄력성'이 높아질 수 있다.

"오늘도 서류 탈락. 나는 왜 이렇게 부족할까. 하지만 나보다 더 노력했는데 떨어진 친구도 있다는 걸 보면, 이건 나만의 문제는 아니다."

이런 식의 글쓰기는 감정을 객관화시키고, 자기를 비난하는 악순환에서 빠져나오는 통로가 된다. 매일 아침이나 자기 전에 '감정 다이어리'를 써보자. "나는 오늘 왜 힘들었는가?", "그 속에서 내가 배운 건 무엇인가?" 같은 질문을 던져보는 것이다.

4) 나만의 기준을 만들어라.

많은 대학생과 취준생이 흔들리는 이유 중 하나는 '남의 기준' 때문이다. 친구가 대기업에 붙었다는 소식, SNS에 올라온 성공적인 포트폴리오, 누군가의 화려한 합격 후기 등, 이런 것들이 자신을 흔든다. 그러나 진짜 중요한 것은 '나만의 기준'을 세우는 것이다.

철학과를 졸업한 정우 씨는 진로를 찾지 못해 1년을 방황했다. 부모님의 기대도 무거웠다. 하지만 그는 '나는 사람들의 생각을 읽고 방향을 제시하는 데 흥미가 있다'라는 점에서 콘텐츠 기획자의 길을 선택했다. 연봉은 높지 않았지만, 매일 출근이 즐거웠다. 그는 말했다.

"누구보다 늦었지만, 내가 원한 방향이었기에 후회는 없어요."

내 진로의 성공 기준을 돈, 회사 규모가 아닌 '만족감', '성장 가능성', '나다운 삶'으로 바꿔보자. "5년 후 어떤 모습이면 만족스러울까?"라는 질문을 자주 던지자.

진로 고민은 끝이 없다. 하지만 그 고민 속에서 자신을 더 깊이 이해하고, 방향을 다시 설정할 수 있다면, 흔들림도 분명 성장의 자양분이 된다. 취업을 준비하는 길은 누구에게나 외롭고, 버겁다. 하지만 그 길에서 나를 돌아보고, 나만의 기준을 세우며, 작지만 확실한 실천을 계속할 수 있다면, 결국 그 고민이 당신을 더 단단하게 만들어줄 것이다. 흔들려도 괜찮다. 방향만 다시 잡으면 된다. 그리고 그 방향은, 누구보다 당신이 가장 잘 알고 있다.

내 마음 상태 점검

아래 질문에 솔직하게 체크해 보자.

질문	그렇다	아니다
최근 내가 뭘 하고 싶은지 모르겠다고 느낀 적이 있다.	☐	☐
주변과 비교하며 조급해지는 마음이 든다.	☐	☐
내가 왜 이 전공을 선택했는지 잊은 것 같다.	☐	☐
준비는 하고 있지만, 방향이 불확실하다.	☐	☐
진로를 선택하는 기준이 남의 기준 같다는 생각이 든다.	☐	☐

** 체크가 3개 이상이면, 잠시 멈추고 나를 정리해 볼 시간이 필요하다.

나만의 기준을 정하자.

"나는 이런 진로를 원한다"라는 문장을 아래 빈칸에 자유롭게 작성해 보세요.

(예시) 나는 사람과 소통하며, 창의적으로 일할 수 있는 직무를 원한다.

내 진로의 기준 문장

나는

아래 3가지 질문에 답해 보세요.

내가 중요하게 생각하는 가치는 무엇인가? (예: 안정, 성취, 창의성 등)

5년 후 나는 어떤 모습이면 좋겠는가?

지금 가장 먼저 시도해 볼 수 있는 행동은 무엇인가?

1주일간 실천할 수 있는 플랜을 만들어보자.

목표	구체적인 행동	완료 체크
진로 탐색	관심 분야 직업인 인터뷰 기사 살펴보기	☐
자기 이해	몰입했던 경험 3가지 기록하기	☐
감정 정리	하루 한 번 감정 글쓰기 실천하기	☐
정보 수집	원하는 직무에 필요한 역량 조사하기	☐
포트폴리오	나의 활동 정리한 파일 만들기	☐

내 강점이 취업 시장에서 통할까?

나의 강점을 찾는 것도 중요하지만 "내가 가지고 있는 강점이 취업 시장에서 통할까?"라는 고민을 하기도 한다. 취업을 준비하는 취준생이나 대학생들에게도 스스로 가장 많이 던지는 질문일 것이다. 대학교 학점, 자격증, 스펙도 중요하지만, 남들과 다른 나만의 것을 만들어서 차별화할 수 있는 것은 바로 내가 가지고 있는 '강점'이다. 하지만 문제는 그 강점을 '어떻게', '어떤 방식으로' 직무에 연결하고 활용할 수 있느냐이다.

사례 1) 말이 많은 성격 vs 의사소통 역량

김지현(가명) 씨는 대학 시절 친구들 사이에서 '말이 많은 사람'으로 유명했다. 발표를 좋아했고, MT나 동아리에서도 분위기를 주도하는 편이었다. 하지만 그는 취업 준비 초기에 자신의 이 성격이 '산만해 보일까 봐' 걱정이었다. 진로의 방향을 찾고 취업 준비를 하면서 의사소통 역량이 중요한 '홍보·PR 직무'에 대해 알게 되었다. 그때부터 자신이 가진 말하기 능력을 강점으로 전환하기 시작했다. 지현 씨는 홍보 관련 공모전에 참가하며 기획과 발표 경험을 쌓고, SNS 콘텐츠 제작을 하면서 의사소통 역량이 실제 콘텐츠 설계에 어떻게 녹아드는지 분석했다. 면접에서는 "사람을 설득하고 메시지를 효과적으로 전달하는 데 흥미와 재능이 있다"라고 자신 있게 이야기했고, 이는 결국 중견 광고 대행사 취업으로 이어졌다.

> **Point**
> 단순한 성격적 특성도 직무의 필요 역량과 연결되면
> 강력한 경쟁력이 된다.

사례 2) 꼼꼼함이 만든 데이터 분석가의 길

정우진(가명) 씨는 숫자와 자료에 민감한 성격이었다. 과제를 할 때에도 항상 통계를 활용했고, 엑셀 정리나 데이터 시각화에 흥미를 느꼈다. 처음엔 그저 '지루한 성격'이라고 생각했지만, 교수님의 조언으로 데이터 분석 직무에 대해 알아보게 되었다. 우진 씨는 숫자를 데이터로 산출하는 방법들을 독학했고, 실제 기업 데이터를 분석해 보는 인턴십 기회도 잡았다. 또, 자신의 강점을 강조한 포트폴리오를 만들어 "데이터 속 숨겨진 의미를 발견하고, 이를 통해 실질적인 의사결정을 돕는 일을 하고 싶다"라고 어필했다. 현재는 유통회사에서 데이터 기반의 마케팅 전략을 수립하는 주니어 분석가로 활동 중이다.

> **Point**
> 사소해 보이는 습관이나 성향도, 특정 직무에선 최고의 무기가 된다.

사례 3) 사람을 잘 챙기는 성격, 인사 담당자가 되다.

이서윤(가명) 씨는 사람들과 관계 맺기를 좋아하고, 항상 친구들의 고민 상담을 도맡아 했다. 하지만 처음엔 이게 무슨 '취업 경쟁력'이 될 수 있을지 몰랐다. 그러다 우연히 학교 취업 프로그램에서 'HR(인사·조직관리)' 직무를 접하게 되었고, 그때부터 자신의 강점이 조직 내 인사관리에 적합하다는 걸 인식하게 됐다.

서윤 씨는 인사 관련 수업을 듣고, 실제 중소기업 인사팀에서 인턴을 하며 채용 실무와 조직문화 개선 업무를 경험하게 된다. 그리고 자신의 공감 능력과 소통 능력을 근거로 "사람이 중심이 되는 조직을 만드는 데 기여하고 싶다"라는 스토리를 완성해 나갔다. 현재는 대기업 인사팀에서 신입사원 교육 및 조직문화 개선 프로젝트를 담당하고 있다.

> **Point**
> 인간관계에서 발휘되는 감성적 강점도
> 직무적 가치를 가질 수 있다.

위 세 가지 사례처럼, 나의 강점을 직업 세계와 연결하기 위해선 단순히 '잘하는 것'에 머무르지 않고, '어디에 쓰일 수 있는가'를 구체화하는 과정이 필요하다. 다음은 이를 위한 3단계 전략이다.

1단계 – 강점 파악하기

성격적 특성, 반복되는 행동 습관, 남들이 자주 칭찬해 주는 점 등을 바탕으로 자신의 강점을 찾는다. 예를 들어 발표를 잘함, 글쓰기를 좋아함, 계획 세우기를 잘함 등이다.

2단계 – 직무 분석하기

희망 직무에서 요구하는 핵심 역량이 무엇인지 분석한다. 이를 위해 직무 설명서, 채용 공고, 재직자 인터뷰 등을 참고한다. 예를 들어 마케팅에는 창의력, 분석력, 커뮤니케이션 능력이 필요함 등이다.

3단계 – 강점 연결하기

나의 강점이 직무에서 어떻게 활용될 수 있을지를 구체적인 사례로 연결한다. 예를 들어 "계획을 잘 세우는 성향은 프로젝트 매니지먼트 역량으로 발전시킬 수 있다."

강점은 단순한 '좋은 점'이 아니라, 나만이 가진 고유한 역량이며, 스펙을 넘어서는 차별화 요소다. 중요한 건, 그 강점을 '무엇에', '어떻게' 사용할 수 있는지를 이해하고, 직무와 연관짓는 전략적 사고라고 할 수 있다. 취업 시장에서 통하는 강점이란 결국 '나만의 경험과 연결된, 실질적으로 활용 가능한 능력'을 말한다.

취업을 준비하며 불안한 마음이 들 때, 다시 한번 스스로에게 물어보자. "나는 어떤 강점을 가지고 있으며, 이 강점이 어디에서 빛날 수 있을까?"

그 답을 찾는 과정이 곧 여러분의 진짜 진로를 명확히 하는 길이 될 것이다.

평소 자주 듣는 칭찬, 반복적으로 즐겨하는 활동을 바탕으로 자신의 강점 2가지를 적어보세요.

내가 관심 있는 직무를 선택하고, 그 직무에서 요구되는 역량이 무엇인지 조사해 보세요.

내가 관심 있는 직무는? (마케팅, HR, 기획, 개발 등)

해당 직무에서 요구하는 역량 3가지는?

내 강점이 이 직무에 어떻게 쓰일 수 있을까? 구체적으로 작성해 보세요.

내 강점이 잘 드러났던 경험을 상황, 과제, 행동, 결과에 따라 정리해 보세요.

항목	내용
상황 : 어떤 상황이었나요?	
과제 : 무엇을 해야 했나요?	
행동 : 나는 어떤 행동을 했나요?	
결과 : 어떤 결과가 나왔나요?	

➡ 이 경험이 해당 직무에서 어떻게 강점으로 작용할 수 있을지 써 보세요.

Chapter 2

후회 없는 대학 생활을 설계하라

-김원배-

- 졸업이 늦어도 다양한 경험이 중요한 이유
- 효과적인 인턴십과 대외 활동 선택 노하우
- 대학생 때 취득해야 하는 필수 스펙과 자격증
- 성공하는 대학생의 시간 관리법
- 대학생 때 꼭 만날 멘토 활용법

✴ 졸업이 늦어도
   다양한 경험이 중요한 이유

"지금 이 길이 맞을까?"

"졸업이 늦어지면 취업에 불리하지 않을까?"

많은 대학생이 3학년을 넘어가면서 한 번쯤은 이런 고민을 한다. 특히 졸업을 앞두고 있을 때, '스펙 쌓기'에 몰두하느라 자신이 진짜 원하는 것을 놓치고 있지는 않은지 불안해진다. 그리고 취업이 되지 않으면 졸업을 늦춰야 하는지에 대해서도 고민하게 되면서 큰 압박을 느낀다. 하지만 정말 중요한 것은 '몇 년만에 졸업했는가'가 아니라, 대학 생활 동안 무엇을 경험했고, 어떤 사람으로 성장했는가이다.

졸업 시기는 중요하지 않다. 나를 채우는 시간이 필요할 뿐이다.

우리는 종종 정해진 시간 안에 무언가를 해내야 한다는 강박에 시달린다. 특히 한국 사회에서는 '빠른 졸업', '빠른 취업'이 마치 능력의 척도처럼 여겨지는 경우가 많다. 하지만 현실은 다르다. 졸업을 1~2년 늦춘다고 해서 인생이 뒤처지는 것은 아니다. 오히려 그 시간 동안 어떤 경험을 하고, 어떤 역량을 길렀는지가 더 중요하다.

예를 들어보자. A씨는 졸업을 1년 늦췄다. 3학년이 끝나갈 무렵, 진로에 확신이 없었던 그는 휴학을 결심했다. 그 기간 동안 NGO 인턴 활동, 해외 봉사, 독서토론회 리더, 스타트업 마케팅 알바 등을 경험했다. 전공과 전혀 무관한 일도 있었지만, 그는 다양한 사람들을 만나고 현실을 체감하면서 스스로에게 맞는 길을 찾아갔다. 그리고 졸업 후, 그는 공기업 입사에 성공했다. 면접관은 그에게 "1년 늦게 졸업한 이유가 무엇인가요?"라고 묻기보다는, "어떻게 이런 다양한 경험을 할 수 있었나요?"라고 물었다. 경험했던 자신의 생각을 조리 있게 대답하면서 자신의 능력을 증명하게 됐다. 때로는 잠시 쉬어 가면서 전공과 전혀 관련 없는 일을 경험하는 것도 미래를 설계하는 데 도움이 된다.

다양한 경험은 나만의 스토리를 만든다.

　기업은 단순히 '스펙 좋은 인재'를 뽑는 것이 아니라, 함께 일하고 싶은 사람을 찾는다. 그러기 위해선 지원자가 어떤 경험을 했고, 그 경험을 통해 어떤 사람으로 성장했는지가 중요하다. 그렇기에 대학생 때 다양한 경험을 쌓는 것은 곧 '자기만의 스토리'를 만드는 일이 된다.

　B씨는 디자인을 전공했지만, 연극 동아리 활동에 열정을 쏟았다. 무대 뒤에서 조명과 무대 디자인을 맡으며 매번 극단의 성과에 기여했다. 어느 날, 연극제에서 만난 선배를 통해 공연 연출 회사 인턴에 합격했고, 그 경험은 그의 포트폴리오를 풍부하게 해주었다. 졸업 후 그는 '공연기획 디자이너'라는 특화된 진로를 개척할 수 있었다. 만약 그가 성적만을 위해 수업에만 집중했다면, 이런 기회를 만나지 못했을 것이다.

　다양한 경험은 결국 진로의 방향을 구체화시켜 줄 뿐 아니라, 입사 지원서나 면접에서 강력한 무기가 된다. 그것은 단순한 이력서 한 줄이 아닌, 나만의 이야기가 담긴 경력이기 때문이다.

경험을 통해 역량은 길러진다.

취업 시장에서는 이제 '학점'보다 '역량'을 본다. 자기주도성, 문제해결 능력, 협업 능력, 의사소통 능력 등은 대학 교과서에서 배우는 것이 아니라, 직접 부딪치고 실패하고 도전하는 과정에서 길러지는 것이다. 동아리 활동, 공모전, 인턴, 해외 프로그램, 창업 동아리 등은 모두 이런 역량을 기를 수 있는 기회의 장이다.

C씨는 졸업 전까지 세 번의 인턴을 경험했다. 처음은 홍보실 인턴, 다음은 광고 회사 인턴, 마지막은 스타트업 콘텐츠 팀 인턴이었다. 각각의 경험은 짧고 힘들었지만, 그는 그 속에서 기획력과 실행력을 키웠고, 어떤 환경에서도 유연하게 일하는 법을 익혔다. 면접에서 "당신의 가장 큰 강점은 무엇인가요?"라는 질문에 그는 구체적인 사례로 답할 수 있었다. 경험은 추상적인 자신감을 '증명 가능한 역량'으로 바꾸어준다.

실패해도 괜찮다. 경험은 쌓인다.

대학 생활에서 모든 경험이 성공적일 수는 없다. 오히려 실패 속에서 더 많은 것을 배운다. 중요한 것은 실패를 두려워하지 않고 도전하는 것이다. 어떤 학생은 창업 동아리 활동을 했지만 성과 없이 끝났고, 어떤 학생은 교환 학생을 준비하다가 결국 선발되지 못했다. 하지만 그 과정에서 그들은 계획을 세우고 도전하는 법, 협업하는 법, 낙담에서 다시 일어나는 법을 배운다.

실패는 당신을 깎아내리지 않는다. 그것은 오히려 진짜 세상을 살아가는 데 필요한 내공이 된다. 실패를 경험해 본 사람은 단단해진다. 그리고 그런 사람은 어느 회사에서도 버텨 낼 수 있는 힘을 가진 사람이다.

다양한 경험이 진짜 나를 알게 해준다.

진로를 고민할 때 가장 먼저 해야 할 일은 '자신을 아는 것'이다. 그러나 우리는 자신이 어떤 사람인지 잘 모를 때가 많다. 다양한 경험은 그런 나를 발견하게 해준다.

D씨는 심리학과 학생이었다. 하지만 그는 상담사보다는 사람들 앞에서 말하는 것을 좋아했다. 그래서 방송 동아리에 들어가 교내 아나운서로 활동했고, 유튜브 채널을 운영하며 사람들과 소통했다. 결국 그는 '교육 MC'라는 길을 선택했다. 그는 말

한다. "학과는 진로의 출발선일 뿐, 나의 성향과 관심은 경험을 통해서만 알 수 있었어요."

경험은 나의 성향을 시험해 보게 하고, 진짜 좋아하는 것과 싫어하는 것을 분별하게 해준다. 그래서 경험은 곧 진로를 찾아가는 나침반이 된다.

'후회 없는 대학 생활'은 하루아침에 만들어지지 않는다. 그것은 수많은 작은 도전의 축적에서 만들어진다. 오늘 하루가 평범해 보여도, 새로운 모임에 나가보고, 관심 있는 분야의 책을 읽어보고, 공모전이나 외부 활동에 도전해 보는 작은 움직임이 쌓여 나만의 경험과 성장의 이야기가 된다. 졸업이 늦어도 괜찮다. 세상은 당신이 몇 년도에 졸업했는지가 아니라, 어떤 사람인지, 어떤 가치를 가진 사람인지에 관심이 있다. 지금 이 순간, 당신이 무엇을 경험하고 있는지가 중요하다. 대학 생활의 본질은 '성적'보다 '성장'이다. 그리고 그 성장은 다양한 경험 속에서 만들어진다.

지금까지 가장 인상 깊었던 대학 생활 경험은 무엇인가요? 자유롭게 적어 봅니다.

그 경험들을 통해 배운 것은 무엇인가요?

도전하지 않았지만 해보고 싶은 활동은 무엇인가요?

지금까지 대학 생활에서 경험의 다양성은 몇 점 정도라고 생각하나요?

- ☐ 1점 (거의 없음)
- ☐ 2점
- ☐ 3점 (보통)
- ☐ 4점
- ☐ 5점 (다양한 활동에 도전했음)

그 이유는 뭘까요?

✲ 효과적인 인턴십과
　 대외 활동 선택 노하우

대학 생활에서 수업 외 시간은 전부 나를 성장시킬 기회가 된다. 학과 공부도 중요하지만, 사회는 '실무 경험'이 있는 사람을 더 원하는 경우도 있다. 대외 활동과 인턴십은 내가 사회에 얼마나 관심이 있고, 문제해결 능력, 협업 능력을 키우려 노력했는지를 보여주는 증거인 것이다.

예를 들어, 마케팅 직무를 희망하는 대학생 A는 광고학과에서 수업을 열심히 듣는 동시에, 대외 활동으로 대기업에서 주최하는 마케팅 공모전에 참여하고, 여름방학에는 스타트업에서 SNS 마케팅 인턴으로 현장 경험을 쌓았다. 4학년이 졸업할 때쯤, 그는 자신 있게 포트폴리오를 만들 수 있었고, 실무 감각도 익혀서 희망하는 기업으로 취업에 성공하게 된다.

대외 활동이란 기업, 기관, 학교 밖에서 운영하는 다양한 프로그램들이다. 공모전, 서포터즈, 홍보단, 기자단, 봉사활동, 캠프 등 형태도 다양하다. 대외 활동에 참여하려면 내가 진짜 관심 있는 분야를 정하는 것이 우선이다.

단순히 스펙을 위해 하는 대외 활동은 금방 지치고 흥미도 떨어진다. 예를 들어, 환경 문제에 관심이 많은 B는 대학 2학년 때 환경 NGO에서 진행하는 기후변화 대응 프로그램에 참여했다. 이후 환경 관련 캠페인 활동, 글쓰기 대회, 정부 기관 주관 프로젝트까지 참여하며 자연스럽게 '환경 정책 전문가'라는 진로가 생겼고, 관련 전공으로 대학원까지 진학해서 더 공부를 하게 됐다. 이처럼 관심이 있어야 하고 그 분야를 좋아해야만 꾸준하게 자신의 진로 방향성을 성장시킬 수 있는 것이다.

이러한 활동들이 경험 쌓기가 목적이면 다양한 활동을 시도해 보는 게 좋은 방법이고, 취업을 위한 포트폴리오 제작이 목적이면 결과물이 나오는 활동이 유용할 것이다. 네트워킹이 목적이면 다양한 학교 학생들과 팀을 이루는 활동이 좋고. 취업 연결이 목적이면 기업과 연계된 프로그램을 선택하는 것이 유리할 것이다.

예를 들어, C는 방송작가를 꿈꿨는데, 글쓰기 활동만 하다가 콘텐츠 제작 공모전에 참여하면서 영상 편집에 흥미를 느꼈다. 그걸 계기로 미디어 학과 복수전공을 시작했고, 실제 방송국 인턴까지 이어졌다. 이처럼 작은 경험이 진로를 바꾸는 전환점이 된 것이다.

인턴십은 실제 회사에 들어가서 실무를 경험해 보는 것이다. 짧게는 방학 동안, 길게는 학기 중 장기적으로 인턴 생활을 하기도 한다. 요즘 기업에서는 처음부터 정직원을 채용하기보다는 인턴사원으로 먼저 채용하는 경우가 많다. 여름방학에 시작되는 인턴십 채용인 경우에는 4~5월쯤에 채용 공고가 나오고 채용 절차를 시작하는 경우가 많다. 각 기업마다 인턴십 전형 일정은 다르기 때문에 꾸준하게 채용 공고를 살펴봐야 한다. 평소 가고 싶은 기업이 있다면 홈페이지나 취업 관련 사이트에서 채용 공고를 수시로 확인하는 것이 좋다.

시기별 전략	
1~2학년	대외 활동, 교내 활동, 자격증 취득, 취업에 필요한 기본 역량 쌓기
3학년	여름방학 기간에 첫 실전 인턴에 도전, 기업 채용 공고 확인
4학년	장기 인턴, 취업 연계형 프로그램 참여

지원 전에 준비해야 할 것	
이력서, 자기소개서 작성 연습	대외 활동이 많을수록 쓸 소재가 풍부하다.
면접 연습	학교 취업 센터, 학교에서 면접 스터디 참여
직무 공부	관심 직무에 대한 기본 지식 및 코딩 등

대학 4년을 알차게 계획을 세워서 실천하자		
학년	활동 내용	비고
1학년 1학기	동아리 활동 (관심 분야)	관심사 탐색 기간
1학년 2학기	봉사활동, 지역센터나 해외 봉사	책임감 향상
2학년 1학기	기업 서포터즈 참여, SNS 마케팅	콘텐츠 제작 경험
2학년 여름방학	홍보대사 활동, 공모전 참여	발표력, 협업 능력 향상

3학년 여름방학	인턴십 활동	실무 역량 향상
4학년 1학기	장기 인턴십 활동	취업 연계 경험

마지막으로 자기소개서를 작성해 본다.

C는 대학 2학년 여름, SNS 마케팅에 관심이 생겨 ○○기업의 서포터즈 활동에 지원했다. 처음엔 콘텐츠 주제 선정조차 어려웠지만, 매주 회의를 통해 팀원들과 아이디어를 나누고, 인스타그램 콘텐츠를 기획하면서 나만의 색깔을 담는 법을 배웠다. 활동 중간 팀 리더로 선발되어 프로젝트를 총괄하게 되었고, 그 과정에서 발표력과 리더십이 크게 성장했다. 이 경험은 이후 스타트업 인턴 지원 시 자기소개서 소재가 되었고, 면접에서도 구체적인 사례로 언급해 합격할 수 있었다.

자기소개서 작성 팁	
도입	내가 어떤 계기로 이 활동에 관심을 가지게 되었는지 작성한다.
전개	어떤 활동을 했는지 구체적으로 상세하게 작성한다.
갈등/도전	힘들었던 점, 어떻게 극복했는지 작성한다.
결과	그 과정 속에서 무엇을 배웠고 어떻게 성장했는지 적는다.
미래 연결	이 경험이 앞으로 나에게 어떤 영향을 미칠지 작성한다.

대학 생활은 나를 알아가는 시간이고, 경험을 통해 진짜 나를 만드는 과정이다. 인턴십과 대외 활동을 잘 활용하면, 취업도 훨씬 수월해지고, 나에게 맞는 진로를 찾는 데도 큰 도움이 된다. 많이 해보고, 많이 부딪쳐 보고, 그 안에서 나만의 이야기를 만들어 가는 것, 그게 바로 성공적인 대학 생활의 핵심이다.

✳ 대학생 때 취득해야 하는 필수 스펙과 자격증

요즘 취업 시장은 빠르게 변화하고 있다. 기업에서는 신규 채용도 예전에 비해서 많이 줄이고 있는 상황이다. 인구가 줄어들면서 일자리는 넘쳐 날 줄 알았는데 현실은 자신이 원하는 분야로 취업하는 것이 어렵다. 이에 따라 대학생과 취업 준비생들은 자신만의 경쟁력을 강화하기 위해 다양한 스펙과 자격증을 준비하고 있다.

스펙과 자격증은 자신의 진로와 목표에 부합하는 것으로 선택하여 집중적으로 준비하는 것이 더욱 효과적이다. 대학교 4년 동안 이곳저곳 기웃거리면서 좋다고 하는 자격증들과 스펙을 따느라 제대로 공부를 못 하는 경우도 많다. 전공과 관련이 있고, 취업하고자 하는 기업에서 요구하는 자격증과 스펙들을 잘 살펴서 맞춤형으로 준비해야 한다.

자격증은 특정 분야에 대한 전문 지식과 기술을 공식적으로 인정받는 수단이다. 이는 취업하고자 하는 지원자의 역량을 증명하는 아주 중요한 요소로 작용한다. 특히, 기업들은 지원자가 해당 직무에 필요한 기본적인 역량을 갖추었는지를 판단하기 위해 관련 자격증 보유 여부를 확인한다. 따라서 대학 시절부터 자신의 진로에 맞는 자격증을 취득하는 것은 취업 경쟁력을 높이는 데 큰 도움이 된다. 각 분야별 필수적으로 취득하면 도움이 되는 자격증 정보를 살펴보자.

1) 경영 및 행정 분야 자격증

자격증	내용
ACA (Adobe Certified Associate)	포토샵, 일러스트레이터, 프리미어 등의 활용 능력을 인증하는 국제 자격증. 디자인이나 멀티미디어 관련 직무를 목표하는 사람에게는 필수다. • 분야 : 그래픽 디자인, 콘텐츠 마케팅, 광고 기획
PMP (Project Management Professional)	프로젝트 관리 능력을 인증하는 글로벌 자격증. 경영학이나 행정학 전공자에게 매우 유리하다. 프로젝트 직무에서의 경쟁력을 높일 수 있다. • 분야 : 프로젝트 관리, 기획, 컨설팅

2) 서비스 및 요리 분야 자격증

자격증	내용
조리기능사	한식, 양식, 중식 등 다양한 분야의 요리 전문성을 인증하는 자격증. 호텔 및 외식업계에서 경력을 쌓을 때 중요한 경쟁력으로 작용한다. • 분야 : 호텔 조리사, 레스토랑 셰프, 외식 창업 등
조주기능사	바텐더 및 음료 제조 분야에서 필수적인 자격증. 칵테일 제조 및 음료 서비스에 대한 전문성을 인증한다. • 분야 : 호텔 바텐더, 카페 창업, 레스토랑 등

3) IT 및 컴퓨터 분야 자격증

자격증	내용
정보처리기사	소프트웨어 개발과 IT 직군에서 가장 기본적이고 널리 인정받는 자격증. 국내뿐만 아니라 해외에서도 인정받고 있어 해외 취업에도 유리하다. • 분야 : 소프트웨어 개발, IT 컨설팅, 시스템엔지니어링 등
Comp TIA A+	IT 분야에 입문하는 대학생에게 추천하는 국제 자격증. 네트워크, 보안, 운영체제 등 IT 전반의 기본적인 지식을 인증한다. • 분야 : 네트워크 관리, IT 보안, 시스템 관리 등

자격증	내용
MOS (Microsoft Office Specialist)	엑셀, 파워포인트, 워드 등 MS 오피스 활용 능력을 공식적으로 인증하는 자격증. 국내외 사무직 취업에 매우 유리하며 전문 불문 필수다. • 분야 : 사무직, 경영지원, 마케팅 등

4) 금융 및 국제 자격증

자격증	내용
CFA (Chartered Financial Analyst)	금융 및 투자 분석 분야의 글로벌 최고 자격증 중 하나. 금융권 취업이나 투자 관련 직무에 관심이 있는 학생에게 유리하다. • 분야 : 금융 애널리스트, 자산관리, 투자은행
GPHR (Global Professional in Human Resources)	HR(인적자원) 분야에서 국제적으로 인정받는 자격증. 글로벌 인사 직무를 목표로 하는 학생에게 유리하다. • 분야 : 인사관리, HR 컨설팅, 글로벌 인사 담당

자격증을 취득할 때 유의 사항도 있다.

첫째, 진로와 연관성이다. 자신의 진로와 목표에 부합하는 자격증을 선택하여 준비하는 것이 중요하다. 무작정 많은 자격증을 취득하기보다는, 해당 분야에서 요구하는 핵심 자격증에 집중하는 것이 효과적이다.

둘째는 실무 능력을 배양하는 것이다. 자격증 취득 과정에서 습득한 지식을 실제로 업무에 적용할 수 있도록 실습과 경험을 병행하는 것이 좋다.

셋째, 최신 정보 파악이다. 자격증 시험의 내용이나 형식은 변동될 수 있으므로, 최신 정보를 지속적으로 확인하고 준비해야 한다.

대학 시절은 자신의 역량을 개발하고 미래를 준비하는 중요한 시기이다. 이때 취득한 자격증과 스펙은 취업 시장에서의 경쟁력을 높이는 데 큰 역할을 하게 된다. 종이 한 장이지만, 그것을 통해 얼마나 실질적인 역량을 갖췄는지 보여주는 증명서다. 따라서 자격증 취득 자체에만 집중하기보다는, 그것이 나의 진로와 어떻게 연결되는지, 그리고 실무에서 어떻게 활용할 수 있는지를 함께 고민해야 한다.

취업을 준비하는 과정에서 진짜 중요한 경쟁력은 자격증이라는 '도구'를 가지고 어떻게 '나만의 무기'를 만들 수 있느냐에 달려 있다. 지금 어떤 자격증을 준비하든, 그 과정을 통해 배우고 성장한 경험은 분명 여러분의 미래를 단단하게 만들어줄 것이다.

직업 활동에서 성공은 자격증이 아니라 그것을 잘 활용하는 용기에 있다. 자격증은 목표가 아니라 도구일 뿐이다. 그 도구로 무엇을 만들 수 있는지를 끊임없이 상상하고 도전해야 한다. 인공지능 시대에 살아남으려면 평생 꾸준하게 배우려는 마음의 자세를 가져야 한다.

아래 세 가지 질문에 답해 보세요.

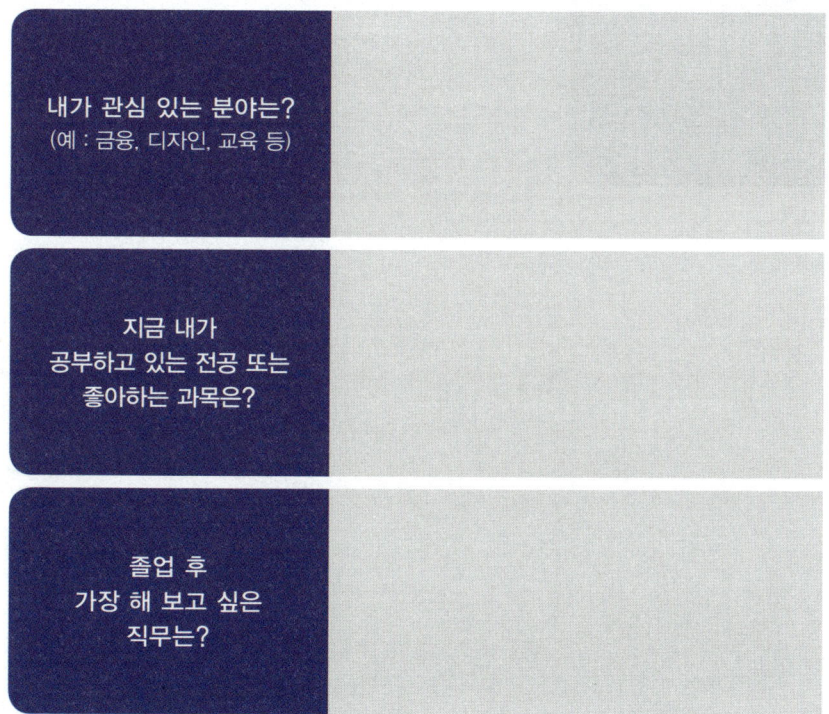

위 세 가지 답변을 바탕으로 나에게 도움이 될 것 같은 자격증을 3개 적어 보세요.

자격증 1	자격증 2	자격증 3

자격증을 선택한 이유는?	

✳ 성공하는 대학생의 시간 관리법

　대학 생활은 고등학교와는 완전히 다르다. 강의 시간표가 자유롭고, 과제와 시험 외에도 동아리, 아르바이트, 대외 활동 등 선택의 폭이 넓어진다. 하지만 바로 이 자유로움을 제대로 관리하지 못하면 대학 생활뿐만 아니라 취업을 준비하는 데도 독이 될 수도 있다.

　대학 진학을 위해 공부에만 매달렸던 학생들이 대학에 입학하면 해방감을 느끼게 될 것이다. 고등학교 때 해보고 싶었지만 못 했던 수많은 일들을 대학 4년 동안 맘껏 해볼 수도 있다. 이러한 자유로움을 보다 효율적으로 보내기 위해서는 시간 관리가 중요하다.
　계획적이지 않은 시간을 보내다 보면, 학기 말에 과제와 시험에 허덕이게 되고 후회하는 일이 반복될 수 있다. 반면 시간을 잘 관리하는 대학생은 학업뿐 아니라 다양한 경험을 통해 자신을 성장시키고, 진로에 대한 방향도 뚜렷하게 잡아가게 된다.

그렇다면 어떤 학생이 시간 관리를 잘하고, 어떤 학생이 어려움을 겪을까? 먼저 실제 대학생 두 명의 사례를 통해 살펴보자.

지혜 씨는 사회학과 3학년이다. 늘 바쁘지만, 주변 사람들은 그녀를 보면 "어떻게 그렇게 많은 걸 하면서도 스트레스를 안 받는지 신기하다"라고 말한다. 지혜 씨는 학업뿐 아니라 동아리 활동, 독서 모임, 학과 행사 참여, 심지어 주말에는 취미로 봉사활동까지 한다. 지혜 씨의 시간 관리 비법은 뭘까? 그녀의 일상을 들여다보자.

① 매일 아침 30분간 계획 세우기

하루를 시작하기 전, 오늘 할 일과 우선순위를 정리한다. 자신만의 플래너에 시간 단위로 스케줄을 적고, 완료한 일은 체크한다.

② 우선순위 정리하기

모든 일이 다 중요하지 않다는 걸 알고 있다. 과제 마감일, 팀플 회의, 독서모임 발표 등 마감이 있는 일들을 먼저 해결한다.

③ '몰입의 시간'을 확보하기

하루 중 집중이 잘되는 시간(오전 10~12시)에 중요한 과제나 공부를 한다. 핸드폰은 비행기 모드로 두고, 카페나 도서관에서 집중할 수 있는 환경을 만든다.

④ 여유 시간도 계획에 포함하기

시간을 쪼개기만 하지 않고, 하루에 1~2시간은 자유 시간으로 둔다. 이 시간엔 산책하거나, 좋아하는 독서를 하며 휴식한다.

⑤ 일정 공유와 협력하기

팀플이나 약속은 인터넷 캘린더로 공유해 중복되거나 겹치는 일이 없도록 하고, 미리미리 일정을 조율한다.

결과적으로 지혜 씨는 평균 학점도 높고, 다양한 대외 활동을 통해 인턴 경험도 쌓았다. 무엇보다 스트레스를 크게 받지 않고, 일과 삶의 균형을 잘 유지하는 편이다. 지혜 씨와 반대로 시간 관리를 못하는 민재 씨의 하루도 살펴보자.

민재 씨는 기계공학과 3학년이다. 그는 항상 바쁘다고 말하지만, 정작 아무것도 제대로 해낸 것 같지 않다는 말을 자주 한다. 과제는 마감 하루 전에 시작하고, 시험공부는 벼락치기가 기본이다. 아르바이트도 자주 빠지고, 팀플에서는 과제를 기한 내에 못해서 늘 미안하다고 말하는 편이다. 민재가 겪는 문제는 무엇일까? 한번 분석해 보자.

① **계획 없이 하루를 시작한다.**
어떤 일을 먼저 해야 할지, 오늘 뭘 해야 하는지 매번 헷갈린다. 그때그때 급한 일부터 하느라 중요한 일은 미루기 일쑤다.

② **스마트폰과 유튜브의 유혹에 빠진다.**
공부하려다가도 유튜브를 켜거나, 인스타그램을 보다 보면 2~3시간이 훅 지나가 버린다. 그리고 나서야 '이제 정말 해야지' 하며 시작한다.

③ **집중력 부족과 피로 누적이다.**
할 일이 많다 보니 늦게까지 깨어있고, 낮에는 졸리거나 멍한 상태로 시간을 보내게 된다. 효율은 떨어지고 스트레스는 커진다.

④ **일정 충돌이 잦고 약속을 자주 변경한다.**
여러 약속이 겹치거나, 아르바이트와 수업이 충돌해 결국 모

두에게 피해를 주는 경우도 많다.

결국 민재 씨는 학점이 점점 낮아지고, 교수님이나 동료들과의 관계에서도 어려움을 겪고 있다. 늘 '다음 학기부터는 잘해 보자'라며 다짐하지만, 구체적인 계획 없이 반복되는 생활 패턴을 벗어나지 못하고 있다.

지혜 씨처럼 되기 위해선 어떻게 해야 할까? 처음부터 완벽할 필요는 없다. 중요한 건 시간을 자기 주도적으로 운영하는 것이다. 아래의 방법들을 하나씩 실천해 보는 것도 시간을 관리하는 데 도움이 될 것이다.

첫째, 하루 10분이라도 어떻게 시간을 활용하는지 기록하자
시간 관리를 처음 한다면 하루를 어떻게 보내는지 파악하는 것이 중요하다. 3일간 자신이 한 일을 30분 단위로 적어본다. 아마도 SNS, 게임, 유튜브 등에 예상보다 많은 시간을 쓰고 있을 가능성이 높다. 기록하지 않으면 시간을 어떻게 활용하는지 알 수 없다.

둘째, 주간 또는 일간 시간표를 만들자.
수업, 아르바이트, 동아리 활동 등을 포함한 주간 시간표를 만드는 것이다. 하루마다 오늘 꼭 해야 할 일을 작성하고, 중요한 일부터 처리해야 한다. 구글 캘린더, 네이버 캘린더, 종이 플래너 등 자신에게 맞는 도구를 선택하면 좋다.

셋째, 우선순위를 정해서 실천한다.

아이젠하워 매트릭스를 활용한다. 긴급하고 중요한 일 (바로 처리), 중요하지만 긴급하지 않은 일 (계획 세워 처리), 긴급하지만 중요하지 않은 일 (계획 세워 처리), 긴급하지도 중요하지도 않은 일 (제거 또는 최소화). 이를 참고해서 과제, 공부, 약속 등을 정리해 보면 결정이 쉬워진다.

넷째, 포모도로(pomodoro) 기법을 활용한다.

포모도로 기법은 이탈리아 경영 컨설턴트 프란체스코 시릴로(Francesco Cirillo)가 1980년대 후반 제안한 시간 관리 방법으로 집중력을 향상하는 데 목적이 있다. 즉, 25분 동안 집중하고 5분간 휴식을 반복하는 시간 관리 방법이다. 짧은 시간 집중해서 공부하고, 짧은 휴식을 갖는 방식이다. 집중력이 부족한 사람에게 효과적이다.

다섯째, 미루는 습관을 줄인다.

시작이 완벽해도 끝이 좋지 않은 경우가 많다. 처음부터 계획을 완벽하게 세워서 실천하기보다는 일단 미루는 습관부터 고쳐보는 것도 좋은 습관을 만드는 방법의 시작이다. '하루 5분만 집중해 보자'라는 마음으로 시작한다. 해야 할 일들을 잘게 나눠서 작은 단위로 계획하고 작은 단위로 미루지 말고 실천한다.

시간 관리는 단순히 '더 많이 하기'가 아니라, 더 중요한 일에 집중하고, 자신을 성장시키는 데 시간과 에너지를 쓰는 것이다. 시간 관리를 잘하게 되면 긍정적인 변화가 서서히 일어나기 시작한다. 과제, 시험, 팀플 등 학업 수행 능력이 향상된다. 다양한 대외 활동 및 인턴 경험을 통해 진로 탐색을 할 수 있다. 스스로 삶을 주도하는 '자기효능감'이 증가하고 스트레스 감소와 정신적인 여유를 확보할 수 있다. 또한 친구, 교수, 동아리 등 대인관계 개선에 도움이 된다.

지혜 씨와 민재 씨의 사례를 통해 알 수 있듯, 시간 관리는 단순히 스케줄을 짜는 기술이 아니다. 자신의 미래를 준비하고, 삶의 질을 높이는 가장 기본적이고 중요한 자기관리라고 할 수 있다. 한 번에 완벽해지려고 하지 말고, 하루 10분, 작은 계획부터 시작하는 것이다. '나도 할 수 있다'라는 경험이 쌓이면, 어느 순간 여러분은 시간의 주인이 되어 있을 것이다.

아이젠하워 매트릭스 활동해 보기

긴급하고 중요한 일
(지금 당장 해야 할 일)

-
-
-
-
-

긴급하지 않지만 중요한 일
(계획해서 해야 할 일)

-
-
-
-
-

긴급하지만 중요하지 않은 일
(다른 사람에게 맡길 수 있는 일)

-
-
-
-
-

긴급지도 중요하지도 않은 일
(하지 않아도 되는 일)

-
-
-
-
-

〈 아이젠하워 매트릭스 정리 후 실천 계획표 〉

우선순위	오늘/이번 주 실천 계획	실행 여부 (O, X)	메모
가장 중요한 일 1가지			
중요하지만 미룬 일			
위임할 수 있는 일			
줄이기로 한 습관			

✴ 대학생 때 꼭 만날
멘토 활용법

'스스로 잘하면 되지, 멘토까지 필요해?' 이런 생각, 한 번쯤 해본 적이 있을 것이다. 필자 또한 한때는 '멘토가 중요할까?'라는 생각을 가지고 있었다. 하지만 사회는 혼자서 헤쳐 나가기엔 너무 복잡하고 빠르게 변하고 있다. 대학 생활, 진로 탐색, 취업 준비 등 처음 경험하는 일들이 수두룩하고, 어디서부터 시작해야 할지도 막막할 것이다. 새로운 환경에 적응하는 것이 쉽지 않다. 누군가 미리 알려준다면 좀 더 쉽게 적응할 수 있다. 경험자이자 조언자 역할을 해주는 '멘토'는 우리의 나침반이 될 수 있다.

'멘토(mentor)'는 '길을 안내해 주는 사람'이란 뜻을 가진 고대 그리스 신화 속 인물인 멘토르(Mentor)에서 유래한 단어로 지도자, 스승, 조언자 등을 의미한다. 요즘에는 나보다 먼저 그 길을 걸어간 선배이자 경험자로서 인생이나 진로, 학업, 커리어 등 다양한 분야에서 조언을 해줄 수 있는 사람을 말한다.

멘토를 잘 활용하면 진로 방향이 선명해지고, 시행착오를 줄일 수 있으며, 동기부여와 자신감도 얻을 수 있다. 그럼, 실제로 멘토를 어떻게 만나고, 어떻게 관계를 맺고, 조언을 실천에 옮겨야 하는지 세 명의 사례를 통해 살펴보자.

사례 1) 진로가 막막했던 대학생, '현업자 멘토'를 만나다.

미디어커뮤니케이션학과 3학년 수진 씨는 막연히 방송 PD를 꿈꿨지만, 경쟁률이 높고 방향이 불명확해 혼란을 겪고 있었다. 고등학교 때부터 방송 일을 하고 싶었는데 막상 대학에 와서 관련 수업을 듣고, 학과 선배들의 이야기를 들어보니 현실은 녹록지 않았다. 공채는 거의 없고, 프리랜서로 시작해 인턴이나 조연출부터 몇 년씩 고생해야 한다는 말에 위축됐다.
어느 날, 교수님 추천으로 한 방송국 PD와 '멘토링 프로그램'을 통해 연결되었다. 1:1로 멘토를 만나 이야기를 들을 수 있었고, 직접 제작 현장을 참관할 기회도 생겼다. 멘토를 통해 직무에 대한 현실적인 이야기, 수진 씨가 만든 포트폴리오 영상물을 직접 보고 피드백을 주기도 했다. 인턴, 영상 공모전, 학내 방송 활동 등 경력 쌓는 다양한 루트를 제시함으로써 관심 분야로 진출할 수 있는 토대를 마련했다.

멘토의 조언을 통해 수진은 방송국만을 고집하지 않고 콘텐츠 기획 쪽으로 진로를 넓혀 영상 마케팅 회사에서 인턴을 시작했다. 이후, 본인의 스타일에 맞는 길을 찾아갔고, 훨씬 즐겁게 일하고 있다.

사례 2) 취업에 실패한 취준생, '취업 전문 멘토'를 만나다.

대학에서 경제학과를 졸업하고 1년 차 취준생인 준호 씨는 공기업 취업을 준비했지만, 필기시험에서 계속 떨어지며 자신감을 상실한 상황이다. 취업박람회에서 성공 패키지 프로그램을 통해 직업상담사 멘토를 만나게 되었다. 준호 씨는 처음엔 '그냥 상담 정도겠지'라고 생각했지만, 실제로는 매우 구체적인 전략과 피드백을 받는 행운을 안았다. 멘토는 이력서/자소서의 문장을 꼼꼼히 검토해 주며 구체적인 개선 포인트 제시해 주었고, 예상 질문을 뽑아 면접 실천 연습을 꾸준히 했다. 공기업 및 특정 기업에 맞는 필기 준비법과 최근 기출 경향을 알려줌으로써 함께 준비할 수 있었다.

준호 씨는 자소서와 면접 준비에 자신감을 가지게 되었고, 다음 해 공공기관 지역 인재 전형으로 최종 합격했다. 그는 "멘토가 없었다면 중간에 포기했을 것"이라며 감사해했다.

우리 삶에서 멘토가 있다는 것은 삶의 질이 완전히 다르다. 취업을 준비하는 대학생이나 취준생들에게 멘토는 정말 큰 도움이 될 것이다.

그렇다면 멘토를 어떻게 만나야 할까? 우연히 만날 수도 있지만 의도적으로 찾아 나설 수도 있다. 교수님과의 상담 시간에 전공에 관한 질문뿐만 아니라 진로 방향도 함께 이야기하는 것이다. 동아리나 학회 활동에 참여하면서 선배들과의 대화를 통해 자연스럽게 멘토 관계를 형성할 수 있다. 요즘 각 대학교는 취업 센터에서 다양한 프로그램을 운영하고 있다. 교내에서 운영하는 멘토링 프로그램에 참여한다. 인턴십 중 만난 실무자와의 관계를 유지한다. 현장에서 만난 선배들과의 네트워킹도 멘토십의 좋은 시작이 될 수 있다.

멘토를 만나는 것만큼 중요한 것은 그 관계를 어떻게 이어 나가느냐이다. 멘토와 만나서는 막연한 대화보다는 "나는 이런 고민이 있어요"라는 식으로 구체적인 질문을 준비한다. 멘토의 조언을 듣고 실천해 본 뒤, 그 결과를 멘토와 공유하다 보면 관계가 더욱 돈독해진다. 도움을 받았으면 항상 감사 표현을 잊어서는 안 된다. 일회성 만남이 아닌 지속적인 관계로 유지하다 보면 함께 성장하는 관계로 멘토링의 효과가 배가 될 것이다.

학교생활을 하다 보면 관계를 어려워하는 학생들이 많다. 특히 멘토가 중요함을 알고 있지만 소극적이고 먼저 다가가지 못하는 사람들은 멘토가 없다고 실망할 필요는 없다. 책이나 강연, 유튜브 등 콘텐츠도 훌륭한 멘토가 될 수 있다. 또한 일기 쓰기, 자기 성찰, 온라인 커뮤니티 활동을 통해서도 스스로 멘토가 되는 연습을 할 수 있다. 좋은 멘토는 복잡한 인생에서 길을 찾는 나침반이 되어준다. 때로는 길을 안내해 주고, 때로는 자신의 내면을 비추는 거울이 되어준다.

"한 사람의 멘토가, 한 사람의 인생을 바꾼다."
이 말처럼 여러분도 멘토를 만나고, 나중엔 멘토가 되어 누군가의 인생을 빛나게 할 수 있을 것이다.

현재 나의 고민은?

요즘 내가 가장 고민하고 있는 주제는 무엇인가? 아래 보기 중 두 가지를 선택하고 구체적으로 적어보자.

보기	□ 진로 고민　□ 전공 관련　□ 인간관계 □ 진로 포기　□ 자존감　□ 기타
고민 1	
고민 2	

이럴 때 멘토가 있다면

위에서 제시한 고민에 대해 멘토가 있다면 어떤 조언이나 도움이 필요한지 적어보자.

고민	멘토에게 듣고 싶은 이야기
고민 1	
고민 2	

나의 이상적인 멘토 그리기

나에게 이상적인 멘토의 성격, 경험, 가치관을 떠올리면서 적어보자.

이런 성격이면 좋겠다.

이런 경험을 가진 사람이면 좋겠다.

이런 가치관을 가진 사람이면 좋겠다.

Chapter 3

현직자가 들려주는
리얼 직무 이야기

-손세근-

- 직무 경험자가 들려주는 업무의 실상
- 내 성향과 전공에 맞는 직무 찾기
- 슬기로운 회사 생활을 위한 노하우 공유
- 상사와의 갈등을 이겨내는 법
- 식품 업계 전문가의 생생한 경험 스토리

✴ 직무 경험자가 들려주는
업무의 실상

취업을 앞둔 취준생들이 가장 궁금해하는 것 중 하나는 해당 직무를 맡아 일할 때 대체 어떤 상황에서 어떤 일을 하게 되는가이다. 직무 경험이 없으니 잘 모르는 건 당연한데, 실제 업무의 내용을 모르고서는 선뜻 지원하기가 주저하게 되는 것이 사실이다.

취준생들이 흔히 범하기 쉬운 오류는 스펙을 많이 쌓을수록 유리할 것이라는 생각이다. 면접관의 입장에서는 절대적인 우수 인재를 원하는 것이 아니라, 해당 직무를 잘 수행할 수 있는 역량과 인성을 갖추고 발전성이 있는 인재를 선발하고자 하는 것이다.

따라서 직무와 관계없는 스펙은 큰 의미가 없고, 직무에 어울리지 않는 고학력은 오히려 마이너스 요소가 될 수도 있다는 것을 알아야 한다. 예를 들면, 연구개발 직무를 하는 데 전시회 수상 경력은 별 도움이 되지 못하며, 영업 직무를 수행하는 데 박사학위가 필요하진 않은 것이다. 즉, 결론은 '기승전-직무 적합성'이라고 할 수 있다.

직무 정보를 얻는 방법

취업 준비를 효과적으로 하려면, 가장 먼저 해당 직무의 속성을 제대로 이해하고 꼭 필요한 스펙과 역량을 파악하여 이를 전략적으로 준비하는 것이 필요하다. 직무와 관계없는 자격증을 준비하느라 시간, 돈과 노력을 낭비하는 것은 가장 어리석은 방법이다. 이를 위해서는 해당 기업의 채용 요강을 꼼꼼히 확인하여야 한다.

취준생들은 자기소개서를 쓰기 전에 다양한 경로를 통해 직무 정보를 미리 파악할 필요가 있다.

직무 정보를 파악하는 경로

- 기업 홈페이지 내 직무 정보 검색하기 (주로 대기업의 경우)
- 현직자, 직무 경험자를 통해 직무 정보 습득하기
- 해당 기업의 인턴 생활을 통해 직접 경험하기
- 기업에서 개최하는 취업 설명회나 전문 기관의 취업 콘서트에 참여하기

참고로 CJ그룹 홈페이지의 인재 채용 사이트에 올려져 있는 직무 정보의 예를 살펴보면 상세하게 기술되어 있으므로, 취준생들은 이를 통해 해당 직무를 수행하는 데 어떤 역량이 필요한지를 명확히 알고 자신에게 부족한 것을 준비할 수 있다.

현업 직무를 수행하는 데 필요한 역량은?

아직 직무 경험이 없는 대학생이나 취준생들이 막연하게 생각하는 업무의 모습은 실제 상황과는 상당한 차이가 있는 경우가 많다. 예를 들면, R&D(연구개발) 업무에 종사하는 사람은 주로 사무실이나 실험실 안에서 혼자 조용히 일하는 시간이 많을 것이라고 생각하기 쉬운데, 실제로는 구매, 생산, 마케팅 등 외부의 관계자들과 끊임없이 소통해야 하므로 외출, 출장도 빈번하게 다니게 된다.

이는 고객 접점에 있는 영업이나 마케팅 측의 의견을 귀담아들어서 이를 개발 단계에 반영해야만 고객 니즈에 동떨어지지 않는 상품, 서비스를 개발할 수 있기 때문이다. 따라서, R&D 직무에 맞는 성향이 내향적이고 분석적인 사람이어야 한다는 식의 선입견은 상당히 위험한 생각이라고 할 수 있고, 자신의 성향에 맞는 직무 선택 시 꼭 고려해야 할 점들이다.

〈 CJ 제일제당의 직무 정보 중 R&D(식품) 예 〉

Role	"차별화된 식품가공기술로 K-Food 글로벌화를 리딩하다."
Qualification	"빠르게 변하는 시장을 읽고 소비자의 니즈를 선제적으로 파악하여 맛있고 안전한 제품을 만들어야 한다." 1. 실험 설계 및 분석 역량 2. 공정 및 설비에 대한 이해 3. 안전 및 미생물 관련 지식 4. 창의성 및 유연한 사고 5. 문제해결 역량 6. 커뮤니케이션 역량
Career Path & Vision	"Only one 제품으로 식문화 트렌드를 선도하여 전 세계인의 입맛을 사로잡을 다양한 제품을 개발하고 이를 위한 기초과학, 응용연구를 하는 연구원으로 성장할 수 있다."

위 표에 있는 CJ 제일제당 R&D(식품) 사례를 보면, 요구되는 역량에는 기술적인 역량(실험 설계 및 분석 역량, 공정 및 설비에 대한 이해, 안전 및 미생물 관련 지식) 외에 공통 역량 3가지(창의성 및 유연한 사고, 문제해결

역량, 커뮤니케이션 역량)가 필수적으로 제시되어 있음을 알 수 있다.

대기업들은 보통 홈페이지 내에 채용 정보 코너가 있고, 이 안에 지원자들이 궁금해하는 직무 설명과 현직자의 인터뷰 영상, Q&A, 채용 토크쇼 동영상, 쇼츠 등을 올려놓고 있어 이를 잘 활용하면 기업 내에서 이루어지는 다양한 직무의 내용을 쉽게 파악할 수 있어 큰 도움이 된다. CJ 제일제당의 경우, 직무 정보를 경영지원, IT, 연구개발, 영업 & 마케팅, 제조의 5개 부문으로 분류하고 기획 관리 등 51개 직무로 세분화하여 소개하고 있다.

하나 더 예를 들자면, 품질관리 직무에 필요한 역량에는 냉철한 판단력, 분석력 외에 이해관계자와의 원활한 소통 능력 또한 절대적으로 필요한 역량이라고 할 수 있다. QC에서는 품질에 대한 합부 판정을 하게 되는 미션을 가지고 있는데, 불합격이 될 경우에는 물량 수급이나 판매 실적에 커다란 영향을 가져오게 된다.

그래서 QC/QA 업무를 잘하는 사람은 사후 통보에만 그치지 않고, 최근 경향을 파악하여 최악의 상황이 벌어지기 전에 해당 분야의 책임자와 충분한 소통과 의논을 해서 시행착오를 최소화하는 노력을 꾸준히 한다. 그렇게 해야 그 분야의 이해관계자들로부터 진정한 인정과 신뢰를 받게 되고, 그것이 진정으로 조직을, 회사를 위하는 길이 된다.

그리고 사회 트렌드가 급격히 변화하여 회사가 이에 긴급히 대응해야 할 필요가 있을 때는 해당 미션의 필요성과 시급성을 회사 내 경영층에게 설명하고 납득시켜, 올바른 정책 판단과 실행을 할 수 있도록 하는 상황도 수시로 발생하는 것이 현실이다.

이상의 사례에서 알 수 있듯이 현장에서 벌어지는 일들은 항상 매뉴얼대로만 되지 않는다. 그래서 어느 직무에서나 꼭 필요한 역량은 의사소통 능력, 문제 해결 능력, 그리고 협업 능력이라고 볼 수 있다. 끊임없이 발생하는 문제를 해결하고 이해관계자들과 소통하고 매뉴얼 내에 이상 발생 시 조치 요령 등을 지속적으로 보완해 가는 노력들이 기업들의 실상이자 일상이라고 할 수 있는 것이다.

✴ 내 성향과 전공에 맞는
   직무 찾기

내 성향과 전공에 맞는 직무를 찾는 일은 취업 준비를 하는 데 있어서 가장 중요하면서도 제일 어려운 고민이다. 이를 좀 더 체계적으로 풀어가기 위해 아래 4단계에 걸친 접근 방법을 추천한다.

1단계 : 내가 어떤 성향인지를 알기 위한 네 가지 방법

자신의 진로를 정하고 내 성향과 전공에 맞는 직무를 찾을 때 가장 먼저 해야 할 일은 내가 가장 좋아하고 잘할 수 있는 일이 무엇인가를 정확히 아는 것이다.

첫 번째 방법은 자신의 어릴 적 기억을 회상해 보면, 의외로 큰 힌트를 얻을 수가 있다. 사람은 어렸을 때가 가장 자존감이 높은 때여서 이 시기에 좋아하고 조금이라도 잘하는 일이 있었다면 바로 그것이 정답일 가능성이 높다. 예를 들어 선생님 놀이에 깊이 빠졌었다면 교사나 교수의 자질을 많이 가지고 있을 확률이 높고, 골목대장 역할을 많이 했었다면 조직의 리더나 경영자로서의 성공 가능성이 크다고 볼 수 있다.

 두 번째 방법은 자신을 객관적으로 평가해 줄 수 있는 주변 지인의 진솔한 얘기를 들어보는 것이다. 가족은 너무 주관적 평가에 흐르기 쉽지만, 객관적 위치에 있는 지인이라면 오히려 더 도움을 줄 수 있는 평가를 해줄 수 있다. 내가 어떤 사람이며, 장점은 무엇이고, 단점은 무엇인지에 대하여 지인이 가족보다 더 공정한 평가를 해줄 수 있는 경우가 많다.

 세 번째 방법은 깊은 성찰을 통해 내면의 나와 대화해 보는 것이다. 지금까지 살아온 인생의 주요 고비마다 내가 얼마나 주도적이었는가를 돌아보고, 내가 진정으로 무엇을 원하고 있는지를 성찰하는 방법이다. 이러한 자신과의 성찰과 대화를 나이 들어 뒤늦게 시작해서 삶의 혼란을 가져오는 경우도 있는데, 청소년기에 이 과정을 성공적으로 보낼 수만 있다면 행복한 삶이 아닌가 싶다.

네 번째 방법은 MBTI, DISC, 에니어그램 등의 성향 분석 도구들을 활용하여 나의 성향을 통계적 지표로 받아보는 것이다. 코로나19 팬데믹 상황을 거치면서 사회적 거리두기의 여파로 인해 집콕을 하던 일부 유명 연예인들이 SNS에 자신의 MBTI 유형을 공개하면서 대중의 많은 관심을 받게 되었고, 이제 청소년층 사이에서는 처음 만날 때 MBTI를 교환하는 것이 통상적인 사교의 루틴이 될 만큼 대중화되었다.

다만, MBTI 등의 결과 지표를 무조건 맹신해서는 안 되며, 자신의 성향을 판단하여 진로를 정하고 직업을 선택하는 데 도움을 주는 참고 자료로 활용하는 것이 바람직하다.

2단계 : 전공 역량을 정리해 보기

전공이 직무로 바로 연결되지 않아도 내가 배우고 익숙한 것들을 정리해 본다. 예를 들어 경영학 전공이라면 마케팅, 인사, 기획, 영업 등 기업의 직무 중 전공 역량을 적용할 수 있을 만한 직무들을 나열해 본다. 또, 심리학 전공이라면 UX 리서치, HR, 소비자 분석 등으로 연결해 볼 수 있을 것이다.

그렇게 한 후에 나만의 언어로 전공의 강점을 요약해 본다. 예를 들면, "나는 인간관계와 관련된 구조, 원리, 사람의 행동을 이해하는 데 강점이 있다. 그래서 이러이러한 직무에서 활용할 수 있다고 생각된다"라는 가설을 세워보는 단계이다.

3단계 : 내 전공과 관련이 있다고 생각하는 직무 정보 탐색하기

어떤 직무가 존재하는지, 직무별 일상의 업무는 어떤 것인지를 조사해 봄으로써 내가 몰랐던 직무까지 알게 되는 단계이다. 직무 정보를 탐색하는 방법은 아래의 네 가지 방법을 추천한다.

- 잡코리아, 사람인 등 구직 포털 사이트의 직무 백과를 찾아보기
- 브런치, 퍼블리, 유튜브 등에서 '직무 명+실무자' 검색을 통해 그 일상을 들어보기
- 링크드인, 커리어리 등에서 실무자의 피드 보기
- 대기업 홈페이지 내의 직무 정보, 담당자 인터뷰 보기

4단계 : 앞에서 알아본 나의 성향, 전공과 직무를 연결해 보기

아래에 예시를 들어본다.

성향	전공	적합 직무 예시
논리적 사고, 혼자 집중	통계, 컴퓨터 공학	데이터 분석, 개발 리서치
커뮤니케이션 잘함	미디어, 경영, 심리	마케팅, 콘텐츠 기획, HR
구조적 사고, 추리력	산업공학, 경영	기획, 컨설팅, PM
섬세함, 정리 정돈	행정, 문헌정보	인사, 회계, 문서관리, QA

이상의 4단계 분석을 통해 내 성향과 전공에 맞는 직무를 탐색해 보았는데, 이 과정은 나 자신을 관찰해 보고, 직무를 시뮬레이션해 보고, 피드백을 통해 방향을 수정해 가는 과정이다. 직무 선택은 상당히 어려운 과정이며, 처음부터 완벽하게 정답을 찾아내는 건 상당히 어려운 일이다. 따라서 우선적으로 할 일은 방향성만 명확히 하고, 후보 직무를 복수로 선택하여 실무를 체험할 수 있는 인턴 등의 기회를 가질 수 있도록 노력하는 것이 가장 현실적으로 바람직한 방안이라고 본다.

비전공자가 직무 경험을 통해 취업에 성공하기 위한 세 가지 전략

요즘은 경험을 중요시하는 시대이므로 비전공자도 경험을 바탕으로 하여 취업에 성공할 수 있다.

1) 실무적 해석으로 내 전공과의 연결고리 만들기

예를 들어 심리학을 전공한 사람이 마케팅에 지원하는 경우, 소비자 분석이나 리서치 업무를 하는 데 심리학에서 배운 지식과 스킬이 어떻게 적용될 수 있는지를 실무적으로 연결고리를 만들어 설명하는 것이다. 이는 실제로 큰 연관성이 있어 설득력이 있다. 학부 때 각종 전시회, 경연대회, 영상 콘텐츠 제작 등에 참여했던 경험이 있다면 이 또한 마케팅과의 연결고리로 활용할 수 있는 소재가 된다. 관련 온라인 학습이나 워크숍 참여 등도 모아 놓으면 충분한 연결고리로 활용이 가능하다.

2) 직무 경험을 짧게라도 미리 해보기

직무 경험을 짧게라도 미리 해볼 수 있다면 가장 좋은 전략이 된다. 굳이 대기업 인턴이 아니더라도 중소기업의 작은 프로젝트에 참여한 경험도 충분한 자산이 된다. 프리랜서로 업체와 협업을 한 경험, 실습 중심으로 진행되는 K-Digital Training, 내일배움카드 등의 교육에 참여한 경험도 간접적인 직무 경험으로 충분히 어필할 수 있다.

3) 자기소개서를 포트폴리오 형식으로 만들기

비전공자이지만 나는 이런 경험을 해봤고, 이렇게 준비해 왔다는 것을 포트폴리오 형식으로 자소서를 작성하면 강한 인상과 설득력을 배가할 수 있게 된다. 이러한 시도는 '비전공자'란 약점을 넘어서서 '새로운 방식으로 접근한 사람'이란 인식을 주어 오히려 도전적이고 창의적인 인재로 평가받게 될 가능성이 커진다. 직무에 필요한 역량을 경험과 언어로 보여줄 수 있는 그것이 현장에서 바로 써먹을 수 있는 진짜 경쟁력이 된다.

[활동 1] 다음 중 '전공 역량을 정리'할 때 할 수 있는 활동으로 가장 적절한 것은?

① 자신의 MBTI 유형을 바꾸려 노력한다.
② 전공에서 익숙했던 개념과 기술을 나열한다.
③ 전공과 상관없이 연봉이 높은 직무를 찾는다.
④ 졸업 후 갈 수 있는 해외 국가를 우선 정한다.

(정답 : ②)

[활동 2] 나의 자소서 포트폴리오 항목을 구성해 보자.

나의 전공 및 성향 요약하기	
관련 직무와의 연결고리 찾기	

경험 사례 1	
경험 사례 2	
내가 기여할 수 있는 구체적 아이디어	

✳ 슬기로운 회사 생활을 위한 노하우 공유

대학생 때나 입사 전에 막연히 생각했던 기업의 모습과 실제로 마주하는 현장 상황은 확연히 다르고 미처 생각하지 못한 난관들이 많다. 이러한 상황들은 실제 경험을 하지 않고서는 예상하기 힘든 것들이어서, 필자의 오랜 경험에서 터득한 경험들이 독자들에게 도움이 되기를 바란다.

1) 현장은 야생이다. 오랜 경험을 가진 현장의 고수와 친해져라.

제조, 판매, 관리 등 어느 분야이든 현장에는 항상 오랜 경험을 가진 고수가 있다. 그들의 노하우를 전수받게 되면 시행착오를 대폭 줄일 수 있게 된다. 그런데 그들은 그들만의 영역과 리그를 구축하고 있는 경우가 많아서 새로 합류한 사람을 쉽게 받아들이지 않으려는 경우가 많다. 업무 이전에 그들과 우선 인간적으로 친해지도록 노력해야 한다.

회사 내 동호회 활동을 함께하거나 일과 후 그들과 어울리는 시간을 만들면 쉽게 친해질 수 있다. 포차에서 격의 없이 술 한 잔한다거나 종교 활동의 공통점을 찾아 관심사를 공유하거나 취미 활동을 함께할 수 있는 기회를 잡아 다가가는 것 등이 효과적인 방법이 될 수 있다. 당신이 아무리 능력이 출중해도 현장의 고수를 무시하고 그들과 동행하지 않는다면 업무가 원활히 수행되기는 어려울 것이다.

2) 기업문화에 익숙해지고 적응하라.

기업마다 선호하는 인재상에 다소 차이가 있고, 업무 스타일도 다르다. 거기에 빨리 적응해야 살아남을 수 있다. 예를 들면, 사소해 보이는 문서 작성법에서도 회사마다 상사마다 다 제각각이다. 그 조직 내에서 통용되는 스타일, 규칙에 빨리 적응하는 것이 우선이다.

기업의 독특한 문화나 분위기를 파악하지 못한 상태에서 섣부른 지휘 또는 혁신 시도는 격한 반발을 사게 되어 무모한 도전이 될 수 있다. 일단 적응하고, 다음 단계에서 개선이나 혁신을 도모하는 슬기가 필요하다.

3) 리스크 관리는 기본이며 최우선이다.

　3가지가 필요하다면 적어도 10가지를 미리 준비하라. '유비무환'만큼 중요한 것은 없다. 리스크를 예방하는 것만이 최고의 전략이 된다. 어려운 과제가 생기면 관련 부서에 미리 의견을 구하고 설득해 두는 과정을 밟자. 그래야 결정적인 순간에도 우군이 생긴다. 어느 직무에서도 리스크 관리는 최우선 항목이다. 특히, 상황 예측이 어려운 대규모 행사를 할 때는 유사시 대응책을 미리 준비하고 있어야 한다.
　예를 들면, 우천 시 대책, VIP 불참 시의 플랜 B 등 돌발상황에 즉시 대처할 수 있는 만반의 준비와 필요시 리허설까지 해두면 최상이다. 특히, 고객 접점에 있는 판매 현장, 고객 응대 센터 등에서는 예상되는 고객 불만과 클레임 발생 시의 대응 방안이 충분히 숙지되고 미리 연습이 되어 있어야 한다.

4) 열정과 진정성은 최고의 덕목이다.

열정과 진정성이 있다면, 누가 시키지 않아도 잔업을 하는 등 일에 몰입하게 되고, 그때 완성되는 것이 정말 가치 있는 성과가 된다. 정시 퇴근 후 저녁 식사를 한 뒤에 다시 회사로 들어오는 직원들이 많지만, 두 부류가 있다. 진짜 일할 시간이 모자라거나 내가 꼭 하고 싶은 일이 있는 부류와 그냥 일을 오래 한다는 인상을 주기 위해 시간만 때우며 열심히 일하는 척하는 부류이다.

당연히 두 번째 부류는 배척되어야 할 직원들이지만, 첫 번째 부류에 속한다 해도 궁극적으로는 정규 시간 내에 일을 마칠 수 있는 개인 역량과 업무 시스템을 갖춰나가야 한다. 단기적인 편안함이나 이기적인 환상에 빠지지 말고, 항상 진정성을 가지고 열과 성을 다해서 업무에 임하라. 결국엔 많은 사람들이 나를 인정해 주는 순간이 올 것이다.

5) 고민은 나눠서 하라.

고민이 생길 때는 작은 부분이라도 일단 실행에 옮겨 보는 편이 낫다. 시행착오를 딛고 일어서면 마음이 단단해진다. 그리고 또 고민하라. 그때는 분명히 고민의 질이 달라질 것이다. 한 번의 깊은 고민보다 자주 고민을 거듭할 때 의외로 좋은 아이디어가 떠오르는 경우가 많다. 고민은 나눠서 해야 효과적이다.

6) 워라블의 경지에 이르도록 정진하라.

최근 수년간 청년세대의 핵심 키워드로 자리 잡아 온 '워라밸(Work-Life Balance)'은 코로나19로 재택근무, 원격근무가 보편화됨에 따라 '워라블(Work-Life Blending)'이란 새로운 개념으로 진화되고 있다. '일과 삶의 균형'에서 '일과 삶의 적절한 조화'란 개념으로 바뀌어 가고 있는 것이다.

Z세대 사원들은 이제 자신의 성장과 가치관에 도움을 주는 일자리를 원한다. 장소에 구애되지 않고 심지어는 휴양지에서도 일과 쉼을 동시에 즐기며 효율을 추구하는, 일과 삶의 적절한 mix를 통해 정체성을 구현하기를 원하고 있다.

기업에서도 이러한 신세대 사원들의 가치관을 고려하여 재택

근무를 상시화하고 워케이션(Work+Vacation) 등 새로운 제도 도입을 적극적으로 해야 할 시대가 되었다. 일과 삶이 별개가 아니라 삶의 일상 속에 일을 녹여내어 적절한 조화를 이루기 위해서는 결국 '자기 주도'의 삶을 추구하는 것이 필요하다. 내가 진정으로 좋아하고 잘할 수 있는 일을 찾아 일상의 루틴처럼 즐길 수 있다면 이는 워라블을 달성한 행복한 삶이 될 것이다.

7) 담당 업무와 관련된 국가 자격증을 취득하라.

업무와 관련된 국가 자격증이 있다면, 반드시 기회를 만들어서 이를 취득하는 것이 좋다. 이는 업무를 수행하는 데 필수 요소가 아니더라도 좀 더 효율적이고 완벽하게 추진하는 데 도움을 준다면, 상사의 허락을 받아 해당 자격증 취득을 위한 교육을 받고 시험에 합격하여 자타가 인정하는 해당 업무의 전문가가 되는 것이 바람직하다. 이렇게 하면, 개인적으로도 경쟁력 있는 필살기를 보유하게 되는 것이므로 슬기롭게 회사 생활을 하는 지름길이 된다.

다음은 필자가 신입 사원일 때 업무 관련 국가 자격증을 취득하여 성공했던 사례이다.

성공 사례
"품질관리기사, 그것은 신의 한 수였다"

필자는 C 기업의 인천공장 QC과에서 회사 생활을 시작했다. 현장 OJT 교육을 마치고 맡게 된 업무는 식용유 품질관리였다. 당시 공장의 상황은 건설, 가동된 지 불과 2년여밖에 지나지 않은 현장이라 업무 프로세스, 표준화 등이 미비한 상태여서 해야 할 일이 상당히 많았고 체계적인 추진이 필요한 상황이었다.

당시 공장 간부회의에서 업무 표준화에 대한 안건이 논의되었고, 이를 QC과가 중심이 되어 공장 차원의 프로젝트로 추진하기로 결정되었다. 당시 신입 2년 차였던 필자는 운 좋게도 그 프로젝트의 담당으로 선발되어 T/F 활동을 하게 되었는데, 업무 추진을 체계적으로 하기 위해 품질관리기사(현 품질경영기사) 전문가 교육도 받으면서 주경야독의 회사 생활을 의욕적으로 해나갔다.

필자는 4개월 간의 전문교육을 이수한 후 정부 주관의 인증시험에 합격하였고, 공장 내 유일한 품질관리기사 1급 자격자가 되었다. 그 교육에서는 통계적 품질관리와 품질경영 등에 대한 폭 넓고 깊이 있는 내용을 교육받게 되어, 공장 내 업무 프로세스 전반을 대상으로 하는 업무 표준화 설계와 품질보증 시스템을 확립하는 업무를 체계적이고 강도 있게 추진할 수 있는 커다란 원동력이 되었다.

약 1년간의 '공장 표준화' 프로젝트를 성공적으로 마치고 얼마 지나지 않아 관련 협회에서 있었던 표준화 심사에서는 최우수 평가로 공장 단위 포상까지 받기에 이르렀다. 당시 상황과 직무에 꼭 필요한 자격증이었던 품질관리기사 1급 교육 이수를 통한 현업 적용의 시도가 가져다준 공장 설립 이래 최고의 성과였다. 이후에도 이 자격증과 성과는 필자에게 상당 기간 후광효과를 제공해 주었고, 역량에 대한 자부심으로 활력 넘치는 회사 생활을 지속할 수 있었다.

✳ 상사와의 갈등을
이겨내는 법

　직장인들이 퇴사를 결심하게 되는 가장 첫 번째 이유는 바로 상사와의 갈등이라는 조사 결과를 본 적이 있다. 원래 내 마음에 꼭 드는 상사란 없는 법이다. 그건 상사의 입장에서도 마찬가지라 상사 마음에 드는 부하도 그리 많지 않다.

　최근에는 대나무숲, 마인드 카페 등 익명으로 고민을 서로 털어놓고 상호 조언이나 상담까지 가능한 커뮤니티들도 많지만, 근원적인 문제해결은 잘되지 않는 것이 현실이다. 또한, 사회 트렌드가 급변하고 세대 차이가 심화되면서 가치관과 생활 패턴의 차이로 인한 세대 갈등으로, 상사와의 관계는 더욱 어려워지고 있는 실정이다. 따라서, 기성세대인 상사와 신세대인 사회 초년생 모두 상대방의 입장을 이해하고 배려하는 마음가짐이 우선되어야 한다.

필자도 오랜 직장 생활을 하면서 수많은 타입의 상사를 거쳐가며 상당히 힘든 시기도 많았지만, 여러 번의 시행착오를 거치며 나름대로 터득하게 된 상사와의 갈등 대처법을 다섯 가지로 정리해 보았다. 직장 생활을 이제 시작하거나 상사와의 갈등으로 매우 힘든 상황에 처한 직장인 여러분들에게 조금이나마 도움이 되었으면 하는 마음이다.

1) 끊임없이 커뮤니케이션하며 조율해 간다.

상사마다 독특한 개성이 있고, 리더십의 타입이 모두 다르다. 이를 빨리 캐치하여 적응하기 위해서는 평소에 많은 교감과 소통을 시도하는 것이 좋다. 일방적으로 지시만 받지 말고, 필요한 질문도 하고 중간보고도 여러 번 해가면서 상사의 의중을 파악한다. 그리고, 대하기 어려운 상사일수록 부하가 먼저 용기 내어 다가가고 적극적으로 교감하려는 노력이 필요하다. MBTI 등 성향 분석 테스트를 활용하여 상사와 나의 궁합을 맞춰보고 이에 대한 보완책을 마련하여 대응해 나가는 것도 효과적인 시도가 될 수 있다.

물론 때로는 사적인 질문과 교류를 통해 인간적인 교감도 효과적일 때가 많지만, 여기서 중요한 것은 상사가 어떤 타입인지를 파악하여 그에 따른 맞춤형 대응 전략을 꼭 구사하는 게 좋다. 예를 들어 상사가 이야기할 때 부하가 적절한 리액션을 해주는 걸 좋아하는 사람이 있는가 하면, 그저 진지하게 들어주는 걸 편하게 느끼는 상사도 있다. 이렇게까지 하는 건 아부가 아니냐고 반문할지도 모르겠지만, 이것은 인간관계에서 가장 중요한 고객 맞춤형 대응 전략의 출발점이 되는 것이다.

2) 사전 조율로 경착륙을 예방한다.

어렵고 민감한 과제일수록 서로의 의견은 첨예하게 대립하기 마련이다. 이에 대응하는 요령은 충분한 사전 조율 과정을 거치는 방법이다. 상사에 대해서는 여러 번의 중간보고를 통해 시행착오를 줄이고, 관련 부서장의 저항과 반대의견을 최소화하기 위해서는 적절한 시기에 미리 충분한 설명과 설득 과정을 거쳐 두는 것이 좋다. 그렇게 하면 최소한 극한적인 갈등이나 파국은 막을 수가 있게 된다.

이러한 사전 교감과 조율의 과정을 생략한 채 의욕만으로 밀어붙이다가 예상치 못한 저항을 받아 낭패를 보게 되는 사례가 의외로 많다. 이는 회사내 뿐만 아니라 외부의 여러 이해관계자, 즉 정부, 학계, 업계, 시민단체 등과의 의견 차이가 클 때는 반드시 일대일 사전 조율을 충분히 거쳐야만 큰 마찰과 갈등을 예방할 수 있다.

3) 타인의 힘과 지혜를 활용한다.

보통 무리한 지시를 내리고 업무 외적으로까지 나를 괴롭히는 상사가 있을 때는 되도록 이를 피하려는 마음가짐을 가지게 되기 쉽다. 그러나 필자의 경험에 의하면 내가 약한 모습을 보인다고 상사의 공세가 약해지지는 않는다. 상사의 지시 등이 부당하다고 느낄 때는 이에 대한 피드백을 반드시 해야 한다. 단, 상사의 감정을 건드리지 않도록 하는 스킬이 필요하다. 설득할 수 있는 논리를 만들어 적절한 때에 이를 객관적인 환경 속에서 공론화한다면 상사도 결국엔 이를 인정하지 않을 수 없게 된다.

또한, 나 혼자 해결하기 어려울 때는 분야별 사내외 전문가를 활용하여 객관적 근거를 제시하는 방법이 가장 유력한 방법이 된다. 남의 힘을 잘 활용하는 것도 일을 잘하는 요령 중의 하나이며, 상사에게도 쉽게 신뢰를 얻을 수 있는 방법론이기 때문이다. 중요한 프로젝트를 추진할 때 흔히 외부 전문 기관의 컨설팅을 받는 이유가 전문성 외에도 바로 그러한 효과를 기대하는 것이다.

4) 결정적 기회를 기다린다.

필자가 군대에서 ROTC 장교로 근무할 때의 경험담을 하나 소개한다. 기갑 소대장이었던 필자가 하루는 사병들에게 전차 포술 교육을 진행하고 있었다. 그때 마침 새로 부임한 대대장이 지나가다 잠시 멈춰 교육하는 모습을 보고 갔는데 뭔가 분위기가 싸늘하게 느껴졌다. 아니나 다를까, 그날 저녁에 중대장이 필자를 부르더니 교육을 어떻게 했길래 대대장이 화를 내느냐고 물었다. 나중에 알고 보니 대대장은 최근에 개정된 전차 포술 신이론을 모르고 본인이 알고 있던 종전 내용에 비추어 교육 내용이 잘못되었다고 판단한 것이었다.

이에 필자는 즉각 이의 제기를 하지 않고, 다음 달에 예정된 소대장 연구발표에서 이 내용을 발표하기로 작전을 짰다. 드디어 한 달 후에 연구발표가 진행되었고, 필자는 전차 포술 구교리와 신교리를 완벽하게 비교 분석하여 대대장 앞에서 간단명료하게 발표했다. 이를 듣는 대대장은 잠시 얼굴을 찡그렸지만, 나중엔 끄덕끄덕하는 긍정과 인정의 제스처를 보였다. 만일 그때 필자가 젊은 혈기로 대대장을 바로 면담해서 내가 옳다고 따졌다면 어떻게 되었을까? 상사가 잘못된 지시나 판단을 했을 때 이에 대한 대응은 적절한 타이밍과 상사의 입장을 고려하는 방법상의 스킬이 필요한 것이다. 만일 시급하게 대응을 안 해도 된다는 전제하에서, 여러 사람의 지지가 필요한 때에는 위의 사례처럼 결정적인 시기를 기다리는 게 좋다고 생각한다.

회사 업무에서도 공식 브리핑, 전략회의 등을 활용하여 준비된 발표를 잘하면 상사 또는 관련 부서의 오해를 쉽게 푸는 기회로 삼을 수가 있다. 물론, 사전에 철저한 준비와 사전 절충 조율의 단계를 밟아야 한다.

5) 나만의 필살기를 개발한다.

　부하가 상사의 신임을 얻는 가장 좋은 방법 중 하나는 나만의 필살기를 개발하는 것이다. 예를 들면 "시장 분석을 통한 마케팅 전략은 역시 김 대리가 최고야"라는 식으로 특정한 분야 또는 역량에서 압도적인 필살기를 확보하고 있으면, 이로 인한 후광 효과로 상사의 신뢰도는 두텁게 된다. 업무와 관련된 자신의 역량에서 단점을 보완하는 것도 필요하지만, 장점을 더 극대화하는 것이 더 쉽고, 상사도 바라는 일이며 조직에도 도움이 되는 일이기 때문이다. 나만의 필살기를 인정받게 되면, 후광 효과로 인해 이후 발생되는 프로젝트 등에 우선적으로 추천을 받게 될 확률이 커지며, 그 사람의 브랜드로 정착될 수도 있는 것이다.

✳ 식품 업계 전문가의
　　생생한 경험 스토리

필자는 식품업계 대기업 중 하나인 C 그룹에 공채사원으로 입사하여 임원까지 승진하였고, 30년간 봉직하였다. 되돌아보면 기나긴 세월이었지만 그 당시엔 회사 일을 내 일처럼 여기고 앞만 보고 달리던 시절이라, 수많은 역경과 고난의 시기가 있었어도 하나씩 극복하고 끝까지 달렸다. 이 경험을 토대로 하여 나만의 성공 스토리를 만들어 대학생과 사회 초년생을 대상으로 하는 특강에서 사례 발표를 하기도 한다.

실무자 때는 아무래도 '열정'과 '도전 정신'이 가장 중요한 덕목이었고, 경영자 레벨로 올라가면서는 다양한 내외부 관계자들과의 '소통'이 가장 요구되는 역량이었다고 기억된다.

여기에 소개할 사례는 꽤 오래 전의 것이지만, 디지털화된 현시대에서도 일과 삶, 사람과 사람 간의 이야기는 세월의 간극을 뛰어넘어 크게 다르지 않은 공감과 시사점을 줄 수 있다고 생각하기에 소개한다.

사례 1) '열정' 스토리, "신입 사원의 미션 임파서블 성공담"

당시의 상황과 부여받은 미션은 무엇이었나?

 C 그룹의 신입 사원으로 인천공장에 배치받았던 필자는 당시 증설 공사가 한창이던 현장에서 공정 실습을 하던 중이었다. 그런데 어느 날 생산부장의 긴급 호출이 있어 황급히 뛰어가 보니 현장에 큰 이슈가 발생하여 신속한 해결이 필요한 상황이었다. 증설 공사에서 중요한 시설 공사의 수석 엔지니어로 프랑스 기술자가 파견되어 왔는데, 공교롭게도 이 사람이 영어를 한마디도 못 하고 오직 프랑스어만 한다는 것이었다.

 공사가 하루라도 지체되면 공기와 생산원가 모두에 큰 영향을 주게 되므로 당장 오늘 중에 통역자를 구해와야 하는 긴급한 상황에 생산부장님은 신입 사원인 필자에게 이 막중한 임무를 부여하였고, 필자는 이 불가능해 보이는 미션(미션 임파서블)을 성공시켜야만 하는 절체절명의 위기를 입사 3개월 만에 맞이하게 된 것이었다. 만약에 미션을 성공시킨다면 회사의 영웅으로 떠오를 수 있지만, 실패한다면 신입 때부터 좋지 않은 이미지로 낙인될 수도 있어 필자에게는 그 상황이 상당한 심적 부담으로 다가왔다.

어떻게 행동했고, 어려움을 극복할 수 있었나?

필자는 우선 주어진 시간이 많지 않았기에 일단 공장을 나서면서 생각을 정리했다.

오늘부터 약 1주일간 공장 인근에 숙식하면서 프랑스어 통역을 할 수 있는 사람을 구하려면 인천 지역에서는 쉽지 않을 것으로 판단하였고, 통역 자원이 많은 한국외국어대학교로 곧장 향했다. 프랑스어 관련 지인도 없었던 필자는 용기를 내어 프랑스어과 사무실로 가서 학과장을 뵙고자 요청했다. 잠시 후 만나게 된 50대 후반의 학과장님에게 당시 공장 상황을 설명하면서, 이번 증설 공사가 원활하게 진행되지 못할 경우에 벌어질 수 있는 전국적 식료품 수급 불안에 대해 조금 부풀려서 간절한 마음을 담아 설득하였다.

한참 고심하시던 학과장은 조교 한 분을 불러 "이분을 따라가서 적극적으로 협조해 드리라"라고 말했다. 필자는 시간이 촉박했던 터라 바로 이분과 함께 미리 대기해 놓은 택시에 탑승하여 경인고속도로를 달리며 상황을 설명하고 진심을 다해 설득과 요청을 드렸다. '진인사대천명'이란 글귀가 초조했던 필자의 머리를 스쳐 갔고 진심이 통했는지, 이 조교 분은 흔쾌히 수락하여 바로 그날 오후부터 현장에서 통역 업무를 시작했고 결과적으로 공기 차질을 막을 수 있었다.

이 경험을 통해 무엇을 느꼈고, 스스로 어떤 성장을 했다고 생각하는가?

첫째, 현실 상황을 고려하여 빠르고 합리적인 판단과 실행력을 발휘한 점.

둘째, 신입 사원다운 패기와 열정으로 임했고, 상황을 차분하고 조리 있게 진심을 다해 설명함으로써 공감과 진정성을 불러일으켰음.

셋째, 어려운 상황에서도 불굴의 도전 정신으로 임하면 결과적으로 운도 따라온다는 자신감을 가지게 되었고, 이후 필자는 도전 정신과 역량을 모두 갖춘 인재로 평가받으며, 회사 생활을 영위해 나갈 수 있는 계기가 되었다.

사례 2) '소통' 스토리, "식품 업계의 뜨거운 감자를 해결하다"

당시 상황과 해결해야만 했던 과제는 무엇이었나?

당시 식품 업계에는 누구나 알고 있지만 누구도 건드리기 힘든 한마디로 '뜨거운 감자' 성격의 해묵은 과제가 있었다. 그것은 식중독균 정량 규격에 관한 문제였다. 즉, 식품 공전 중 '식품 일반의 기준 및 규격'에서 규정된 식중독균의 검출 기준이 "검출되지 않아야 한다"로 되어 있었다.

이는 사실상 법령 제정 당시에 문맥상의 실수로 인한 것인데 현실적으로는 큰 파장을 가져왔다. 왜냐하면, 식중독균이 검출되지 않기 위해서는 식품 가공 과정에서 멸균을 할 수밖에 없는데, 그렇게 하면 식품 고유의 풍미가 손실되어 상품 가치가 떨어지는 문제가 있는 것이었다. 즉, 식품 자체의 풍미를 떨어뜨리지 않는 적정한 살균을 하면서 식중독균을 '0'으로 한다는 것은 기술적으로 불가능한 일이었다.

어떠한 과정을 거쳐 문제를 해결했는가?

당시에 C 그룹의 상무로 진급한 필자는 한국식품산업협회의 법령제도분과위원장을 맡게 되었는데 이 문제를 해결하지 못하면 식품 업체나 정부 모두 난관에 봉착한다는 것을 알고 T/F 팀을 결성하여 진두지휘하였다.

먼저 세계 각국의 관련 식품 안전 기준을 조사하고, 이를 토대로 정량 규격 기준을 만들어 규제개혁위원회에 자료를 보고하고 공청회를 거치는 등 본격적인 활동을 전개하였다. 가장 어려웠던 소비자 단체와의 커뮤니케이션은 완벽하게 조사한 각국의 관련 규격 자료와 식품 가공 공정상의 기술적 문제, 식품 위생과 식중독균의 상관관계 등을 토대로 일반 소비자들 눈높이에 맞는 알기 쉬운 언어로 내용을 정리하여, 이렇게 개정해야만 현실적인 불합리점을 개선하고 식품 안전을 더 강화할 수 있는 길이 된다는 것을 진정성 있게 설명했다.

이처럼 입체적인 T/F 활동을 추진한 지 약 1년 만에 결국 '식중독균의 정량 규격 개정안'을 통과시킬 수 있었고, 오랫동안 식품 업계의 말 못 할 숙제거리였던 것을 깔끔하게 해결하는 큰 성과를 거두었다.

그 성공 요인은 무엇이었나?

첫째는 법령제도분과위원장으로서의 사명감을 잃지 않고 문제를 해결하고자 했던 의지가 강했던 덕분이다.

둘째는 T/F 팀은 물론이고 식품업계 각 회원사와의 원활한 소통과 협력이 있었기 때문이다. 특히, 소비자 단체를 비롯한 NGO와의 긴밀한 소통과 설득이 없었다면 절대 불가능했을 중요 이슈였기 때문에, 이 사례를 '소통 스토리'라고 칭할 수 있는 것이다.

내외부 소통 과정에서 수많은 이해관계자에게 이 기술적인 사안을 설득하는 일이 쉽지 않았는데, 소통의 키포인트는 소통 대상에 따라 그들의 눈높이에 맞춘 설명 자료를 준비한 것이 결국 원활한 소통의 성과를 가져올 수 있었다. 고객 맞춤형으로 차별화 전략을 구사하여 원활한 커뮤니케이션에 집중한 것이 적중했던 사례라고 할 수 있다.

Chapter 4

바로 활용하는
취업 전략과 면접 팁

-손세근-

- 면접 준비의 첫걸음, 스스로 면접관이 되어보라
- 기업에서 선호하는 자기소개서 작성법
- 서류는 통과하는데 면접에서 매번 떨어지는 이유
- 경쟁력 있는 지원자로 보이게 하는 팁
- 면접 공포를 극복하는 현실적인 방법

✳ 면접 준비의 첫걸음,
스스로 면접관이 되어보라

 기업마다 사업 분야가 다르고 역사가 다르기 때문에, 그 기업 문화나 원하는 인재상도 차이가 있다. 하지만 업종과 역사에 관계없이 공통적으로 기업이 선호하는 인재상은 분명히 있으며, 필자의 경험을 통해 이 점을 알리고자 한다.

 필자는 C 그룹의 상무로 재직하던 시절에 신입, 경력 사원 등의 채용 과정에서 면접관 역할을 정말 많이 했었다. 그런 경험을 거듭하면서 느꼈던 것은 면접관과 지원자들 간에는 커다란 시각 차이가 존재한다는 것이었고, 상당한 시간이 흐른 지금에도 여전히 유효한 면접의 중요 포인트라고 생각한다. 따라서 면접 준비는 면접관의 관점에서 바라보며 해야 성공률을 높일 수 있는 것이다. 면접관이 툭툭 던지는 질문 속에 숨어 있는 진짜 의도가 무엇인지를 알고 준비한다면, 실패 확률을 대폭 줄일 수 있게 된다. 즉, 손자병법에 나오는 말처럼 "지피지기면 백전불퇴"가 되는 것이다.

한 번은 모 언론사에서 기업 면접에 관한 취재를 왔던 적이 있었고, 지원자와 면접관 대부분이 인터뷰에 응하기도 했었는데, 그때 있었던 대졸 신입 사원 채용 면접에서의 에피소드를 소개한다.

〈필자가 경험했던 대졸 신입 사원 면접 현장의 취재 후기〉

당시 면접관은 4명이었는데, 계열사 대표 1명과 영업, 생산, 관리직군별 대표 임원으로 구성되어 있었고, 필자는 생산직군 대표 임원 자격으로 참여하고 있었다. 당시의 대기업 취업 경쟁률은 100대 1에 육박할 정도로 지원자 수가 너무 많아서 한 조에 5명씩 배정을 해도 몇 개 조의 면접관들이 하루 꼬박 면접을 해야 하는 강행군의 일정이었던 것으로 기억된다.

아침 시간, 서너 개 조의 면접을 끝내고 잠시 휴식을 취하고 있는데 당시 취재하던 기자가 들어와서 하는 말이 "제가 지원자들에게 몇 가지 물어봤더니 분위기가 장난이 아니라는데

요? 관상만 보는 면접관도 있다고 하고… 답도 없는 질문을 마구 퍼부어 상당히 버벅거린 데 대해 고민이 많다는 얘기도 있고요…"라고 한다.

아무래도 이에 대해서는 확인이 필요할 것 같아서 면접관들끼리 서로 얘기를 해보니, 관상쟁이 낭설은 관리 담당 임원이 상대적으로 질문을 적게 하면서 지원자들을 빤히 쳐다보며 관찰에 치중하는 습관을 오해한 것 같았다.

그리고 정답이 없는 것 같은 당황스러운 압박 질문은 사실 지원자들의 상황 대처 능력과 가치관을 알아보기 위해 기업 면접 과정에서는 통상적으로 애용되는 기법이다. 그런데 이런 압박 질문을 갑자기 받게 되면 지원자들은 정답만 찾으려고 하다가 당황하여 버벅거리게 되고 차분하게 답변하지 못하게 된다는 것이다.

면접관이 실제로 관심 있는 것은 정답을 기대하기보다 지원자가 그 복잡하고 난처한 상황을 나름대로의 논리와 융통성을 가지고 어떻게 지혜롭게 대처하는가를 보려고 하는 것이다. 즉, 압박 질문을 받았을 때 느끼게 되는 강한 스트레스를 이겨내고 자신만의 논리를 가지고 상황에 대응하는 과정에서 평소의 가치관과 행동 기준이 자연스럽게 드러나게 된다.

즉, 너무 정답만을 의식하고 대응하려다 보면 오히려 작위적인 대답을 하게 되어 자칫 진정성을 의심받고 논리가 부족하다는 지적을 받을 우려가 커질 수 있는 것임을 알아야 하는데, 많은 지원자가 이 점에 대해 대부분 잘못 생각하고 있는 것 같았다.

면접 중에 필자가 한 지원자에게 혹시 면접 과정에 대해 평소 궁금하게 생각하던 게 있으면 질문해 보라고 했더니 출신학교, 학점, 해외 연수 경험 등의 소위 스펙이 면접 평가에서 얼마나 큰 비중을 차지하느냐는 질문을 해왔다.

"요즘 대학생들이 소위 '스펙 쌓기'에 전념하고 있다는 얘기를 가끔 듣고 있는데, 사실 저희 기업에서는 스펙을 그렇게 중요하게 보고 있지 않습니다. 더 중요한 것은 진정성과 열정 그리고 논리입니다. 어떤 교육을 받고 어떤 경험을 했느냐보다 그 과정에서 무엇을 느끼고 스스로 어떤 생각과 역량을 쌓게 되었느냐가 중요하다고 봅니다."라고 대답해 주었다.

그날 가장 깊은 인상을 주었던 지원자는 영업에 지원한 Y 씨였다. 아르바이트로 우유배달, 음식점 서빙 등을 하는 과정에서 자신이 경험하고 느꼈던 고객 대응과 녹록지 않은 삶의 이야기를 진솔하게 얘기하는 표정에서 그는 고객을 이해하고 배려할 줄 아는 따뜻한 마음과 여러 가지 상황에 슬기롭게 대처하는 역량을 가지고 있음을 은연중에 느낄 수가 있었다.

한편, 지원자들이 '뼈저린 실수'라고 생각했던 순간들이 정작 면접관들에게는 그다지 중요한 문제로 인식되지 않는 경우가 많았고, 대수롭지 않게 여겼던 대답들은 의외로 작은 감동을 줄 수도 있다는 사실을 알게 되었다. 면접관과 지원자 간에는 엄연한 시각의 차이가 존재했던 것이다.

대부분의 지원자들은 '스펙이 중요해', '너무 어려운 질문이네. 어떻게 답변해야 하지? 정답이 뭘까?', '답변하다가 실수하면 큰일인데' 등의 걱정을 안고 면접에 임하는 경우가 많다. 그러나 실제로 면접관의 입장에서 보면, 스펙보다는 역량과 경험을 중시하고 답변이 다소 어눌하더라도 나만의 논리를 가지고 진정성 있게 답변하는 사람에게 더 호감이 가게 된다.

면접관들이 진정 원하고 선발하고자 하는 지원자의 모습은 구체적인 경험 사례를 토대로 진정성과 논리를 가지고 나만의 이야기를 하는 사람이라는 것이 그날 면접관들의 일치된 의견이었다. 기업이 선호하는 인재상은 올바른 인성과 해당 직무에 필요한 역량을 가지고 있으며 앞으로도 발전이 기대되는 인재이다.

본인이 해당 직무에 적합한 사람이라는 점을 짧은 면접 시간 내에 면접관에게 효과적으로 각인시킬 수 있는 방법론으로 필자는 다음과 같이 추천한다.

"진정성과 논리를 가지고 나만의 스토리텔링을 하라!"

내가 면접관이라면 나를 뽑을까?

활동 목표	면접관의 관점에서 나 자신을 객관적으로 돌아본다.

내가 면접관이라면 어떤 점을 중점적으로 볼까?	
성격이나 인성	
경험과 사례	
대화 시 태도와 표현력	

면접관으로서 나에게 물어보고 싶은 질문 2가지를 만들어보자.	
1	
2	

위 질문에 내가 지원자라면 어떻게 답할 것인지 적어보자.	
1	
2	

나만의 스토리텔링 만들기

활동 목표	면접 시 사용할 수 있는 스토리를 나만의 방식으로 구현한다.

STEP 1 내가 살아오며 가장 기억에 남는 경험은?

STEP 2 그 경험에서 무엇을 느끼고, 어떻게 변화했는가?

STEP 3 이 경험을 통해 어떤 역량이 길러졌는가?

STEP 4 내가 지원한 직무와 이 경험이 어떤 관련이 있을까?

✳ 기업에서 선호하는 자기소개서 작성법

자기소개서는(이후 자소서라고 칭함) 나를 알리고 내가 지원한 직무에 적합한 사람이라는 것을 나타내기 위한 서류다. 지원하는 기관 또는 기업의 인사 담당자나 면접관은 자소서를 읽고 면접에서 다시 한번 그 사람을 평가해 볼 가치가 있는지를 판단한다. 즉, 자소서에서 나를 잘 표현하지 못하면 취업 경쟁의 1차 관문에서 탈락하게 되며, 면접을 볼 기회마저 상실하게 된다. 따라서, 자소서는 지원자의 상품 가치를 적극적으로 홍보하는 마케팅 자료가 되어야 한다. 다시 말하면, 기업 입장에서 "이 사람을 왜 뽑아야 하지?"란 질문에 대해 명확한 논리를 내세울 수 있도록 답을 줄 수 있는 내용으로 구성되어야 한다.

채용 담당자는 어떤 자소서를 읽을 때 좋은 인상을 가지게 될까?

성장 과정

회사가 진짜로 알고 싶은 것은 지원자의 성장 과정을 통해 얻어진 가치관이 해당 직무에 적합한지를 알고 싶은 것이다. 그러므로 성장 과정을 쓸 때, 너무 장황한 가족사 얘기는 도움이 되질 않으며, 본인의 경험을 토대로 한 스토리텔링을 하면서 지원한 직무에서 요구되는 역량과 기본적인 가치관을 형성하는 데에 결정적 계기가 되었음을 은연중에 나타낼 수 있어야 한다. 또, 너무 어렸을 때의 경험담보다는 가장 최근의 사례를 드는 것이 좀 더 설득력이 있다.

성격과 장단점

이 또한 해당 직무와의 적합성을 판단하기 위해 제시되는 지문이다. 내가 어떤 성격이고 어떤 강점을 가지고 있기 때문에 지원한 직무를 충분히 수행할 역량이 있다는 점을 표현해야 하는데, 역시 경험 사례를 활용한 스토리텔링이 효과적인 방법이다. 주로 장점(강점)을 서술하고, 단점(약점)에 대해서는 이를 보완할 수 있는 노력을 게을리하지 않고 있으며 업무 수행에 치명적인 문제로 이어지지 않는다는 점을 밝히는 것이 좋다.

지원 동기

지원 동기를 묻는 이유는 그 사람이 정말로 우리 회사에 입사하기를 간절히 원하는 것인지, 아니면 많은 회사 중 하나 정도로 생각하고 있는지를 알고 싶기 때문이다. 간절함을 지니고 있는 지원자가 쓴 자소서가 그렇지 않은 사람보다 더 감동이 느껴질 수 있다. 또한, 그 회사나 해당 직무에 관심을 가지게 된 계기를 알게 되면 지원자가 얼마나 열정을 가지고 임하고 있는 것인지를 알게 되는 것이다. '간절함'이란 실제로 큰 차이를 낼 수 있는 덕목이며 채용 담당자가 꼭 확인하고 싶은 항목이기 때문에 지원 동기를 반드시 질문하는 것이다.

입사 후 포부

현재 그 직무에 적합한 역량을 가지고 있는지가 우선 합격 여부 판단의 기준이지만, 더 고려하는 점은 앞으로도 꾸준히 자기 계발하며 역량 향상이 기대되는 인재인가를 본다.

필자의 경험으로 볼 때, 입사 후 포부를 조리 있고 엣지 있게 표현하는 방법은 장단기로 나누어 이야기하는 것이다. 즉, 단기적으로는 해당 직무에 도움이 되는 자격증을 언제까지 취득하고 필요한 교육 과정을 이수한다는 등의 구체적인 액션 플랜을 밝히는 방법이 확실한 임팩트를 준다. 또한, 장기적 관점에서는 궁극적으로 달성하고 싶은 목표, 즉 해당 직무의 전문성을 갖춰

업계에서 자타 공인 인정받는 전문가로 언제까지 성장하겠다는 식의 구체적인 비전을 제시하는 것이 바람직하다.

자소서를 스마트하게 쓰는 요령

적절한 단락 구분과 소제목 달기

내용이 너무 길어질 경우에는 단락을 구분하여 적절한 소제목을 달아주는 것이 읽는 사람의 가독성을 높여주는 효과적인 방법이 된다. 물론, 소제목은 간결하며 해당 내용을 함축하여 표현되는 문장이어야 한다.

문장의 표현은 두괄식으로 간결하게

서론이 길어지면 읽는 사람이 지루하고 핵심 내용을 파악하기가 어려워지므로 좋은 인상을 주기 어렵다. 가능하면 두괄식 표현으로 결론을 먼저 언급하고, 이어서 보충 설명하는 방식으로 풀어 나가는 방식이 효과적이다. 비슷한 내용이 반복되거나 너무 길고 장황하게 서술하는 것을 피하고 간결하게 표현하는 것이 바람직하다.

기승전 직무 연관성

면접에서 뽑고자 하는 사람은 '잘난 사람'이 아니라 '직무 수행에 적합한 사람'이다. 따라서 자소서에서 언급되는 표현들은 일관성 있게 직무와의 연관성을 기반으로 서술되어야 한다.

즉, 직무와 관계없는 스펙이나 자격증을 강조하는 것은 별 도움이 되지 못하며 오히려 감점 요인이 되기도 한다.

예를 들면, 연구개발 직무에는 마케팅 경연대회에 참가했던 경험 등은 별 연관성이 없으며, 정해진 매뉴얼을 주로 준수해야 하는 생산관리 직무를 수행하는 데에 박사 학위는 도리어 감점 요인이 되는 오버 스펙이 될 수 있는 경우들이다.

스토리텔링을 잘하는 방법론

자신만의 스토리를 전달하는 효과적인 방법론이 되는 스토리텔링 기법의 원조는 바로 우리의 할머니들이 아닐까 하는 것이 필자의 생각이다. 즉, 어렸을 적에 아랫목에 앉아 할머니가 들려주셨던 재미있는 옛날얘기처럼, 자신이 경험한 사례를 들면서 재미와 작은 감동을 줄 수 있도록 하는 이야기 방식이 바로 스토리텔링이라고 할 수 있다.

할머니들의 옛날얘기는 대부분 도입-전개-갈등-반전-종결의 형태로 진행되는데, 종결부에서는 깨달음과 권선징악으로 매듭짓게 되는 것이 보통이다.

할머니가 옛날이야기를 하듯이 자연스럽고 편안하게 자신의 경험 스토리를 통해 듣는 사람에게 작은 감동과 해당 직무에 적합한 준비된 인재임을 어필하는 스토리텔링을 효과적으로 하는 방법 중에서, 가장 많이 활용되는 방법론은 'SAPC 기법'이다.

SAPC 기법은 S(Situation, 상황 설명) - A(Action, 내가 취한 행동) - P(Performance, 얻은 성과) - C(Contribution to Company, 회사에의 기여)의 4단계로 나누어 조리 있게 설명하는 방식으로서, 듣는 사람으로 하여금 알기 쉽게 이해되도록 하는 체계적인 스피치 방법론이다.

〈SAPC 기법의 4단계 전개 및 적용 예〉

단계	내용	스토리텔링의 간단한 예
S (Situation) 상황	어떤 상황이었고 무엇이 문제였는지를 간명하게 설명한다.	카페에서 아르바이트하던 중, 주말 오전 시간에 갑자기 직원 한 명이 결근하여 제가 혼자서 손님을 응대해야 하는 상황이었습니다.
A (Action) 행동	당시에 내가 취한 행동을 현장이 눈에 보이듯이 구체적으로 설명한다.	고객들에게 간단한 서비스 음료를 드리며 양해를 구하고, 서비스가 다소 늦더라도 진심을 다해 밝은 표정과 차분한 행동으로 혼란을 최소화했습니다.
P (Performance) 성과	그로 인해 얻은 유형 및 무형 효과와 깨닫게 된 시사점을 말한다.	고객들의 컴플레인은 없었고, 직원 한 명이 부족한 결정적 티는 나지 않았던 것 같았으며, 끝나고 나서 매니저님의 칭찬을 받았습니다.
C (Contribution to Company) 기여	이러한 나의 경험이 회사에서 직무를 수행할 때 활용되고 성과를 내는 데 기여할 것임을 강조한다.	어려운 상황이었지만, 이처럼 슬기롭게 헤쳐나가 고객 만족을 달성했던 제 경험을 토대로 하여, 입사하게 된다면 맡게 될 고객상담 업무에서도 좋은 성과를 낼 수 있을 것으로 확신합니다.

스토리텔링에 필요한 소재 찾기의 10가지 예시

1. 다수의 사람들로부터 크게 인정받았던 사례
2. 단체생활, 협업 등에서 리더십을 발휘해본 사례
3. 라이벌, 경쟁자들과 협업해 본 사례
4. 살아오면서 힘들었지만 도전 끝에 극복해낸 사례
5. 성공이라고 말할 순 없지만 내면의 성장을 이뤄낸 사례
6. 스스로 재능기부나 봉사활동을 해본 사례
7. 어려운 과제 해결을 통해 성취감을 느껴본 사례
8. 임기응변 능력을 발휘하여 상황 대처를 잘한 사례
9. 참신한 아이디어를 내어 창의성을 인정받은 사례
10. 친구들의 갈등을 내가 주도하여 해결해 본 사례

✳ 서류는 통과하는데
　면접에서 매번 떨어지는 이유

취준생 중에 의외로 많은 사람이 겪는 문제 중 하나는 서류전형은 잘 통과하는데 면접만 보게 되면 계속 탈락하는 것이다. 이렇게 반복이 되면 점점 자신감을 잃어버리게 되는 악순환이 반복되므로 그 원인을 정확히 분석하여 근원적인 조치와 대응을 해야 할 필요가 있다.

면접에서 좋은 결과를 내지 못하는 공통적인 원인 세 가지

첫째, 면접 질문에 대한 대응력 부족

<u>자기소개에서 임팩트 있는 인상을 각인시키지 못하는 경우</u>
　자기소개의 멘트가 너무 기계적이거나 암기해서 말하는 느낌

은 신뢰감을 떨어뜨릴 수 있다. 나의 경험을 통해 직무와의 연결성을 설명하는 스토리텔링이 가장 효과적인 방법이다. 지원동기와 향후 포부에 대한 진정성과 간절함이 느껴지도록 해야 한다.

예상 질문의 범위를 벗어나 응용 질문에 대한 대응력이 부족할 경우
"그 상황에서 왜 그렇게 행동했나요?"와 같은 꼬리 질문에 논리적인 대답을 하지 못하거나, 압박 질문을 받았을 때 너무 당황하여 버벅대거나 횡설수설하게 되는 경우이다.

둘째, 지원한 회사, 직무에 대한 이해 부족

· 자신이 지원한 회사, 직무에 대한 사전 학습이 부족하여 관련 질문에 대해 올바른 답변을 하지 못하면 진심이 느껴지지 않고 지원자에 대한 신뢰성을 의심받게 된다.
· 지원한 회사의 경영방침, 비전, 사업 내용, 경영 실적, 언론보도 내용, 기업문화, 소비자 인식도 등에 대해 사전에 면밀히 조사하여 이해도를 높이고, 관련 질문이 나왔을 때 자신 있게 팩트를 얘기하고 자신의 의견까지 피력할 수 있다면 면

접관에게 아주 좋은 인상을 심어줄 수 있다.

셋째, 비언어적 커뮤니케이션 문제

· 자세, 표정, 말투, 눈맞춤 등에서 자신감, 겸손함이 느껴지지 않는 경우.
· 평소에 올바른 자세, 시선 처리, 억양 및 스피치 속도, 자연스러운 표정 등에 대해 거울을 보고 연습하거나 타인의 평가를 받아 충분한 개선 노력을 해놓아야 한다.

종합적으로, 위의 세 가지 문제점에 대한 나 자신의 객관적인 평가를 받아본 후에 이를 모의 면접이나 녹음, 녹화를 통한 자기 복습을 통해 부족한 점을 보완해 가는 노력이 필수적이며, 가능하다면 동아리 활동이나 멘토링 활동을 통해 체계적이고 반복적인 피드백을 받아 보완해 갈 수 있다면 바람직하다.

잠시 멈추고, 정리하고, 말한다.

압박 질문을 받았을 때 당황한 채로 즉시 말하려고 하지 말고, 잠시 생각을 정리하며 말하는 스킬이 필요하다. 예를 들면,

"음… 질문을 조금 정리해 보면요…", "생각을 잠시 정리해도 괜찮을까요?"처럼 시간을 벌면서 차분하게 자신의 답변 페이스를 잡아나가는 방법이 좋다.

솔직함과 자신만의 논리를 부각시킨다.

압박 질문을 하는 이유는 지원자에게 정답을 기대하기보다는 어려운 상황을 부여하여 그에 적절히 대응하는 자세를 보려는 것이기 때문이다. 따라서, 잘 모르면서 아는 척하는 것보다는 솔직하게 자신이 답변할 수 있는 범위 내에서 소신 있고 논리적으로 답변하는 자세가 바람직하다.

공격적인 질문을 받았을 때는 일단 긍정 후에 자신의 생각을 말한다.

"네, 그럴 수 있다고 생각합니다. 단, 저는 …라고 생각합니다"라든지, "그 부분은 저도 고민한 적이 있습니다. 다만, … 이런 측면에서 저는 … 생각합니다" 등의 방법으로 답변한다면 이는 면접관에게 공감과 수용 능력이 있고 자기 논리가 분명한 지원자라는 좋은 인식을 심어준다.

〈 자주 나오는 압박 질문에 대한 대응 예 〉

질문 (면접관의 숨은 의도)	대응 답변의 예
"왜 우리 회사여야 합니까?" (회사에 대한 관심도 확인, 간절함이 있는지?)	"이 업계 내에서도 특히 이 회사가 …한 점에서 매력을 느꼈고 제가 평소 추구해 왔던 가치관, 비전과 일맥상통하는 점이 많아서…."
"이 일 말고 다른 직무가 더 어울리지 않을까요?" (직무 이해도와 일에 대한 진정성, 열정 확인)	"그런 의견도 있을 수 있지만, 제가 이 직무를 선택한 이유는…."
"그건 누구나 다 할 수 있다고 보는데, 본인만의 강점은 뭔가요?" (본인만이 가진 차별화된 강점이 있는지를 확인)	"네, 맞습니다. 그래서 저는 그 공통적인 역량에 더해서 …한 부분을 저만의 차별화된 강점으로 키워왔습니다."

생소한 AI 면접을 준비하는 방법

최근에는 기업에서 AI 면접을 적용하는 곳이 많아지고 있어 이에 대한 대비도 필요하다. AI 면접을 도입하는 이유는 신뢰도 높은 데이터를 기반으로 한 객관적인 평가와 비용 및 시간 효율성을 확보하고자 하는 데 있다고 알려져 있다. 그러나 AI

면접은 기존의 대면 면접과는 본질적으로 달라서 비언어적 행동과 언어적 반응을 기반으로 알고리즘이 평가를 수행하기 때문에 이에 대한 철저한 준비가 필요하다.

비언어적 요소 : 첫인상을 결정짓는 열쇠

비언어적 요소는 AI 알고리즘이 지원자의 자신감, 정서적 안정성, 그리고 사회적 적응력을 평가하는 데 핵심적인 역할을 한다. 이를 개선하기 위해 다음과 같은 접근법이 필요하다.

- **표정의 미세조정** : AI는 단순한 미소 이상의 표정 변화를 분석한다. 면접 전, 거울을 통해 자연스러운 미소와 다양한 감정 표현을 연습하고, 녹화된 영상을 검토하여 비언어적 표현의 일관성을 확인하는 것이 효과적이다.
- **시선의 안정성** : 카메라를 정면으로 바라보며 적절한 시선 처리를 유지하여야 한다. 시선이 흔들리거나 과도한 움직임은 자신감 부족으로 해석될 수 있다.
- **목소리의 톤과 속도** : 명료한 발음, 일정한 속도, 그리고 적절한 강세는 면접관의 신뢰를 얻는 데 중요하다. 중요한 포인트에서는 목소리를 조금 낮춰 강조하거나 속도를 조정하여 효과를 극대화하면 효과적이다.
- **자세와 움직임** : 안정적이고 열린 자세를 유지하며, 불필요

한 움직임을 최소화한다. 이 요소들은 신뢰성과 결단력을 나타낸다.

기술적 환경에 대한 이해와 준비

AI 면접은 전적으로 디지털 플랫폼에서 이루어지기 때문에 기술적 준비는 성공의 필수 요소이다.

- **인터넷 연결** : 안정적인 네트워크 환경은 필수이다. 유선 인터넷을 우선적으로 사용하고, 백업용으로 모바일 핫 스팟을 준비해야 한다.
- **장비 설정** : 웹캠과 마이크의 품질을 사전에 테스트하고, 적절한 조명을 설정해 둔다. 얼굴이 자연스럽게 보이도록 조명을 조정하고, 카메라는 눈높이에 맞추어 배치한다.
- **환경 관리** : 소음이 없는 공간을 확보하고, 배경은 깔끔하고 산만하지 않도록 정리한다. 소음 차단 이어폰을 활용하면 면접 집중도를 높일 수 있다.

AI 면접에서도 스토리텔링을 통해 체계적이고 인상적인 답변을 하는 요령은 일반 대면 면접의 경우와 동일하다.

✳ 경쟁력 있는
  지원자로 보이게 하는 팁

'경쟁력 있는 지원자'라는 인상을 면접관들에게 심어주려면, 단순히 스펙이 좋고 기본 역량이 우수한 정도로는 부족하고 "이 사람이 꼭 우리 회사에 왔으면 좋겠다"라는 확신을 심어줄 수 있어야 한다. 그런 지원자가 되기 위해서는 아래의 다섯 가지 포인트를 전략적으로 준비하는 게 좋다.

첫째, '직무 이해도'가 높다는 걸 입증한다.

해당 직무가 어떤 일을 하는 것인지를 명확히 알고 있고, 실제로 프로젝트 수행 등에서 유사한 경험을 충분히 쌓았음을 밝힌다. 자신이 왜 남보다 더 잘할 수 있는지를 객관적으로 설명할 수 있다면 직무 이해도는 만점이다.

둘째, 본인의 강점이 직무 역량과 연결되어야 한다.

해당 직무에서 요구되는 역량이 본인의 강점과 연결되어야 경쟁력을 인정받을 수 있다. '기승전-직무 적합성'임을 항상 생각하고 준비하여야 한다.

셋째, 나만의 경험을 스토리로 말한다.

내가 실제로 경험했던 내용을 스토리로 구성하여 이를 직무와 연결시킬 수 있다면 훌륭한 '스토리텔링'이 되고, 면접관에게 인상적인 이미지와 신뢰감을 줄 수 있다.

넷째, 지원 동기가 분명해야 한다.

해당 직무가 다른 회사에도 많이 있는데, 왜 굳이 이 회사를 지원했는지에 대해 명확히 설득력 있게 말할 수 있어야 한다. 그저 지원 가능한 여러 회사 중 하나가 아니라 특별한 이유와 동기 때문에 이 회사를 지원하였음을 강조하여야 진정성과 열정을 가지고 잘할 것이라는 신뢰를 줄 수 있기 때문이다.

다섯째, 면접 과정에서 '함께 일하고 싶은 사람'이란 인상을 줄 수 있어야 한다.

지식보다는 태도, 스킬보다는 커뮤니케이션 역량이 더 중요하고, 인성이나 비언어적 커뮤니케이션에서도 겸손함과 자신감으로 충만한 준비된 지원자임을 인식시킬 수 있어야 한다. 다시 요약하면, '잘 준비되어 있고, 배우려는 자세가 있으며, 협업에 적합하다고 판단되는 사람'이란 평가를 받을 수 있으면 성공이다.

'자기소개'를 인상 깊게 하는 법

면접에서 첫인상을 결정짓는 '자기소개'를 인상 깊게 잘하는 방법을 정리해 보면 아래와 같다.

- 면접의 서두에 이루어지는 '자기소개'에 소요되는 시간은 통상 1분이다. 그럼, 가장 바람직한 자기소개 시간은 어느 정도로 준비하는 것이 좋을까?
  ➡ 필자의 경험으로는 자기소개 시간을 45~55초로 준비하는 것이 좋다. 왜냐하면, 너무 시간이 짧으면 성의가 없어 보이고, 너무 길어

1분을 초과하는 것은 장황하게 느끼거나 준비성이 없어 보이게 된다.

- 1분 스피치의 내용 구성은 어떻게 하는 게 좋을까?
  ➡ 이 회사, 이 직무에 지원한 동기와 자신의 경험 스토리를 통해 강점과 직무를 연결시키는 스토리텔링이 가장 효과적이며, 마무리는 지속적인 역량 향상 의지를 강조하는 것이 좋다. 가능하다면, 서두에 강렬한 인상을 줄 수 있는 캐릭터를 소개하는 것도 효과적인 방법이다.

1분 자기소개의 예시

"안녕하십니까? 10년 후 업계 최고 수준의 품질관리 전문가가 되고 싶은 ○○○입니다."

(기억에 남는 강한 인상을 줄 수 있는 캐릭터 소개)

"저는 편의점, 음식점 등 식품 관련 아르바이트를 경험하는 과정에서 고객 불만 대응이 가장 어렵고 중요하다는 점을 깨닫게 되어 품질관리 직무에 관심을 가지게 되었고, 특히 고객 맞춤형 신제품 개발과 서비스에 주력하는 귀사의 경영 전략에 깊은 공감을 하여 지원하게 되었습니다."

(스토리텔링으로 진정성 있는 지원 동기 강조)

"앞으로 저는 업무 전문성은 물론, 관련 분야까지 폭넓은 지식을 갖춘 T자형 인재가 되어 회사 발전에 크게 기여할 수 있도록 꾸준히 노력하겠습니다."

(역량 향상을 통한 기여 의지)

STAR 기법을 활용한 스토리텔링

앞서 소개한 'SAPC 기법' 외에 또 하나의 스토리텔링 기법으로 'STAR 기법'이 있다.

STAR 기법은 S : Situation(상황), T : Task(과제), A : Action(행동), R : Result(결과)의 4단계로 설계하며, '행동을 중심으로 한 경험을 구조화하여 명확하게 전달하는 대표적 기법'이다. 주로 업무 수행 과정과 결과 중심의 성과를 강조하고 싶을 때 이 기법을 활용한다.

〈예시〉 SNS 바이럴 마케팅 성공 사례
- **S : Situation(상황)**
작년 여름방학, 스타트업 인턴십 중 신제품 음료의 SNS 바이럴 마케팅을 맡게 되었습니다.

- T : Task(과제)

목표는 한 달 안에 제품 인지도와 팔로워 수를 각각 30% 이상 증가시키는 것이었습니다.

- A : Action(행동)

먼저 타깃 분석을 통해 20~30대 여성 소비자층을 주요 고객으로 설정했습니다. 이후, '오늘 기분에 어울리는 음료 찾기' 테스트 콘텐츠를 기획하여 재미 요소를 더했고, 이를 통해 제품을 자연스럽게 연결했습니다. 또한, 인플루언서 3인을 선정하여 브랜드 체험 콘텐츠를 함께 운영했습니다.

- R : Result(결과)

캠페인 종료 후 SNS 팔로워 수는 2주 만에 70% 증가했고, 해당 콘텐츠는 공유 수 2,300회를 돌파하며 목표를 초과 달성했습니다. 결과적으로 이 경험을 통해 마케팅 기획과 소비자 반응 사이의 연결고리를 체감할 수 있었습니다.

〈두 기법의 포인트 정리〉

항목	SAPC 기법	STAR 기법
어필하는 방식	감정 이입 + 창의적 해결 강조	구조적 + 성과 중심 표현

| 면접관이 받는 인상 | '문제를 주도적으로 해결하는 인재' | '업무를 끝까지 책임지는 실무형 인재' |
| 주로 활용 되는 상황 | 위기, 갈등, 돌발 이슈 경험 시 | 성과나 프로젝트 중심 경험 시 |

✣ 면접 공포를 극복하는 현실적인 방법

면접 공포증은 취업 준비생들이 면접 상황에서 경험하는 심한 긴장과 불안을 말하는데, 심할 때는 전문의의 치료를 받아야 하는 경우도 있지만, 대부분의 경우는 충분한 시간을 가지고 차분히 노력해 가면 이겨낼 수 있다. 취업 포털 사이트인 잡링크의 설문조사에 따르면, 면접 공포증의 주요 증상은 "목소리가 심하게 떨린다(30%)", "말을 더듬거나 횡설수설한다(23%)", "식은 땀을 흘린다(16%)", "면접관과 눈을 마주치지 못한다(11%)" 등의 순서로 나타났다.

그럼, 면접 공포증을 극복하는 현실적인 방법은 무엇일까? 아래의 네 가지 방법을 추천한다.

첫째, 마인드셋을 편안하게 바꾼다.

면접 자리가 '나를 평가받는 자리'가 아니라 서로 맞는지 알아보는 대화의 장이라고 생각한다. 이렇게 마인드셋을 바꾸면, '실패에 대한 두려움'을 떨쳐 버리고 '어필할 수 있는 기회'라는 인식을 하게 되어 긴장감을 줄일 수 있다. 그리고, 면접장에서는 자신의 마음을 동요하게 하는 말들에 지나치게 신경 쓰지 말고, 자신의 장점을 부각시켜 자신감 있는 모습을 보여주는 것을 최우선으로 하는 데에 집중할 필요가 있다.

항목	마인드 리셋 방법
내가 평가받는 게 아니다	"회사가 나를 탐색하는 자리일 뿐, 나의 전부를 재단하는 자리가 아니다."
면접관은 나를 돕는 사람	"이 사람도 내 이야기를 잘 듣고 싶어 하는 동료일 뿐이다."
실수해도 괜찮다	누구나 긴장하고, 면접관도 그걸 알고 있다. 완벽이 아니라 '진심'이 중요하다.

둘째, 내 생각보다 더 천천히 문장을 쪼개서 말하는 방법이 좋다.

남들 앞에만 서면 긴장이 심해져서 말이 꼬이는 사람은 답변할 때 너무 빨리 말하거나 완벽하게 말하려고 하지 말고, 오히려 너무 늦다 싶을 정도로 천천히 긴 문장은 여러 단락으로 쪼개서 차분하게 말하는 습관을 기르는 것이 실수를 줄일 수 있다.

결론적 메시지를 먼저 툭 던져 놓고 나서 그 이유를 보충 설명해 가는 두괄식 스피치 방식으로 말하는 방법이 효과적이다. 마음이 급해지다 보면 말이 꼬이고 버벅거리게 되는 경우가 많기 때문에 의식적으로 천천히 또박또박 말하려는 습관을 들이는 편이 좋다.

셋째, 모의 면접을 충분히 훈련하여 실전 감각을 끌어올려 놓는다.

면접에서는 누구나 긴장하게 된다. 다만, 그 정도에는 개인차가 크다. 긴장감을 완화하려면 평소 부단한 반복적인 연습을 통해 그러한 상황에 익숙해져야 한다. 즉, 몸이 기억하게 만들어 놓아야 실전에서도 떨지 않을 수 있다.

집에서 혼자 할 수 있는 방법은 거울을 보고 준비된 질문지를 가지고 자문자답해 보는 것이다. 필요하다면 녹음하거나 영상을 촬영한 후에 세세하게 리뷰해 보면 상당한 효과를 거둘 수 있다. 혼자 연습이 어렵다면 면접 동아리 활동이나 멘토링 등을 통해 객관적인 평가를 받아 가면서 실전 감각을 키워가는 방법이 있다. 가장 손쉽고 효과적인 방법은 휴대폰으로 녹화하여

ChatGPT와 가상면접을 하는 방법도 있다.

특히, 면접 서두에 보통 하게 되는 '1분 자기소개'는 첫인상을 좌우할 중요한 관문이기 때문에 정해진 시간을 준수하면서 또렷하고 자신 있게 말할 수 있는 연습을 충분히 해두는 것이 필수조건이다.

몸을 편하게 해주는 루틴으로 면접 당일에 입을 옷을 똑같이 입고 모의 면접 연습하기, 긴장이 될 때 호흡 조절의 루틴 만들기, 기타 긴장을 완화할 수 있는 나만의 루틴을 연습해 두는 게 필요하다.

넷째, 예상되는 중요 질문에 대해서는 구조화된 답변의 틀을 준비해 두면 당황하지 않는다.

누구나 예상치 못한 어려운 질문을 받게 되면 순간적으로 당황하고 긴장되어 머릿속이 하얘지는 경험을 한 적이 있을 것이다. 이런 실패 상황을 예방하려면 핵심 질문에 대해서 답변의 틀을 미리 준비해 두면 당황하지 않고 차분하게 답변할 수가 있게 된다.

예를 들면, "왜 이 직무를 선택하게 되었나요?"란 질문에 대해서는 '계기 → 준비한 과정 → 하고 싶은 일'이란 구조 안에서 답변하는 틀을 미리 연습해 두는 방법이다.

한편, 너무 긴장하다 보면 면접장에 가기 전 필요한 준비 사항들을 소홀히 하여 예상치 못한 낭패를 보는 경우도 있다. 이를 예방하기 위해 사전에 체크 리스트를 준비하여 철저한 확인, 점검하는 것을 권장한다.

면접장 가기 전 체크 리스트

준비물 점검
- 이력서, 자기소개서
- 신분증 (주민등록증, 운전면허증 등)
- 지원 회사 연락처 (비상 상황 시 대비)
- 면접 장소 정보 (주소, 건물명, 층수 등)
- 펜, 노트, 메모지
- 개인 물품 (손거울, 물티슈, 립밤 등)
- 위생용품 (마스크, 손소독제 등)

복장 & 외모 점검
- 머리 정돈 상태
- 구두/운동화 상태
- 액세서리 과하지 않은지
- 손톱, 입술 등 전체적으로 깔끔한지

시간 관리

· 예상 소요 시간보다 여유 시간 확보
· 면접 장소까지 가는 교통수단 확인 (막힐 경우의 플랜 B도 준비)
· 도착 후 10분은 심호흡 & 정리 시간 확보

멘탈 리셋

· 머릿속 복기 (자기소개, 지원 동기 등)
· 복식호흡 3회, '잘할 수 있다' 자기암시 반복
· '실수해도 괜찮다, 나는 준비돼 있다' 인식

면접장 도착 후

· 리셉션 또는 접수처에 깔끔한 인사로 응대
· 화장실 들러서 복장, 표정, 자세 최종 점검
· 휴대폰은 무음 or 꺼두고, 메모지에 키워드 정리
· 대기 중에도 바른 자세, 표정 유지

Chapter 5

대학원 진학 vs 바로 취업, 선택 방법

-정은상-

- 대학원 진학이 꼭 필요할까?
- 석사 학위가 실제로 필요한가?
- 연구직 취업의 현실적인 전망
- 대학원 선택할 때 가장 중요하게 고려할 것
- 대학 졸업 후, 기업 연구직에 입사하기 위한 전략

✳ 대학원 진학이 꼭 필요할까?

대학 졸업 후 많은 이들이 다음 진로를 놓고 깊은 고민에 빠진다. 이는 단순히 학문을 계속 이어갈지, 혹은 사회에 진출할지를 결정하는 문제가 아니라, 앞으로의 삶의 방향성과 정체성을 어떻게 설계할지를 가늠하는 중요한 갈림길이다. 특히 한국 사회는 여전히 학벌 중심의 문화가 뿌리 깊게 자리 잡고 있어, 대학원 진학이 자연스럽고 당연한 수순처럼 인식되곤 한다. 하지만 지금 시대에 그 선택이 정말로 필요한지, 개인의 상황과 목적에 비추어 신중하게 재검토할 필요가 있다.

우리는 지금 초연결, 초고령, 초지능이라는 새로운 사회적 조건 속에 살아가고 있다. 단순히 많이 아는 것만으로는 경쟁력을 갖기 어려운 시대다. 오히려 변화 속에서 문제를 발견하고, 본질을 꿰뚫는 통찰력을 갖추며, 다양한 배경을 가진 사람들과 유연하게 협업할 수 있는 능력이 더 높은 가치를 지닌다. 이러한 역량은 꼭 대학원이라는 제도적 틀 안에서만 얻을 수 있는 것은 아니다. 실제 현장에서 부딪치고 문제를 해결하는 과정에서 체득되는 지식과 능력은 이론 그 이상의 의미를 갖는다. 실천을 통해 얻은 통찰력은 단지 머리로 익힌 정보보다 훨씬 강력한 도구가 된다.

물론 대학원에서의 학문적 탐구는 여전히 유의미하다. 특정 주제에 대한 깊이 있는 연구, 이론적 기반 위에서의 문제 분석, 전문성 확보 등은 대학원 과정이 제공하는 큰 장점이다. 그러나 이와 같은 장점도 현실의 문제와 연결되지 않으면 공허할 수 있다. 연구 결과가 실생활에 적용되지 않거나, 시장의 흐름과 단절되어 있다면 그 학문은 살아 있는 지식이 되기 어렵다. 따라서 대학원 진학 여부는 단순히 학문적 깊이에 대한 동경이 아니라, 그것이 자신의 진로 및 문제의식과 얼마나 맞닿아 있는지를 기준으로 결정해야 한다. 진학은 도피의 수단이 아니라, 적극적인 탐색의 연장이어야 한다.

채용 시장도 빠르게 변화하고 있다. 과거에는 학벌, 전공, 학위와 같은 전통적인 기준이 중시되었지만, 오늘날 기업이 요구하는 역량은 훨씬 더 실용적이고 구체적이다. 실무 경험을 통해 쌓은 실행력, 문제 해결을 위한 창의적 접근, 협업과 소통의 기술이 핵심이 되고 있다. 기업들은 단지 이론을 잘 아는 사람보다는 그것을 실천할 수 있는 사람, 팀과 함께 성과를 낼 수 있는 사람을 선호한다. 이러한 흐름은 민간 기업뿐 아니라 공공 부문, 창업 생태계, 심지어 연구 개발 분야에서도 동일하게 적용된다. 채용 담당자들은 지원자의 포트폴리오, 프로젝트 경험, 협업 능력 등 구체적인 실적을 더욱 주의 깊게 평가한다.

물론 예외도 있다. 일부 전문 분야는 대학원 학위가 실질적으로 요구되는 경우가 있다. 과학, 의학, 법학, 교육학 등은 이론과 실천을 통합적으로 다루기 때문에 석사나 박사 과정이 중요할 수 있다. 연구직이나 교수직, 혹은 전문 자격증 취득이 필요한 직군은 대학원 진학이 거의 필수에 가깝다. 그러나 이 역시도 명확한 목표와 필요성에 근거한 선택이어야 하며, 막연한 불안이나 부모님의 기대, 주변의 시선 같은 외부 요인에 의한 결정이라면 오히려 시간과 자원을 낭비할 수 있다. 중요한 것은 그 학위 자체가 아니라, 그 과정을 통해 어떤 성장을 이루고, 어떤 사람으로 나아갈지를 스스로 분명히 인식하는 것이다.

현실적인 조건도 빼놓을 수 없다. 대학원 진학은 등록금, 생활비, 기회비용 등 경제적 부담이 크며, 학업 기간 동안 커리어가 단절될 수 있다는 위험도 있다. 졸업 후에도 원하는 직무나 커리어를 얻지 못할 가능성이 있으며, 취업 시장에서는 오히려 과잉 스펙으로 불이익을 받을 수도 있다.

반면, 지금은 대학원 외에도 다양한 대안적 배움의 길이 존재한다. 온라인 강의, 실무 중심의 단기 교육과정, 직장 내 교육, 직무 자격증, 부트캠프 등은 시간과 비용 면에서 효율적이며, 바로 현장에서 적용 가능한 역량을 키우는 데 유리하다. 디지털 플랫폼의 발전은 누구나 시간과 공간의 제약 없이 원하는 지식을 습득할 수 있도록 도와준다.

배움의 본질을 다시 생각해 볼 필요가 있다. 우리는 어디서 배우느냐보다 어떻게 배우고, 그 배움을 실제 삶에 어떻게 적용하느냐가 훨씬 더 중요하다는 사실을 자주 간과한다. 문제를 발견하고, 스스로 질문을 던지며, 다양한 실천을 통해 자신의 길을 만들어가는 사람, 그는 진정한 의미의 학습자다. 이러한 배움은 굳이 학교라는 공간에 국한되지 않는다. 직장에서도, 일상생활에서도, 관계 속에서도 언제든지 일어날 수 있다. 중요한 것은 그 배움이 자신의 삶과 어떻게 연결되고 있는가이다.

지식은 결국 삶의 문제를 해결하고 더 나은 방향으로 이끄는 데 사용되어야 하며, 그렇지 않다면 그것은 단지 머릿속의 정보에 불과하다.

더 이상 한 번의 교육으로 평생을 살아갈 수 있는 시대는 아니다. 기술 변화의 속도는 점점 더 빨라지고, 직업 생태계도 지속적으로 재편되고 있다. 이런 변화 속에서 살아가기 위해서는 평생학습이 선택이 아니라 생존의 조건이 된다. 그리고 그 학습의 주체는 기관이 아니라 바로 개인 자신이다. 자기 주도적으로 배우고, 필요에 따라 방향을 전환하며, 다양한 자원을 활용해 지속적으로 성장해 나가는 태도가 요구된다. 학습은 정적인 축적이 아니라, 동적인 순환이며, 매 순간의 삶과 조화를 이루어야 한다. 대학원은 그중 하나의 선택지일 뿐, 절대적인 길이 될 수는 없다.

결론적으로, 대학원 진학은 어떤 사람에게는 인생의 전환점이 될 수 있는 의미 있는 선택이지만, 또 다른 누군가에게는 오히려 방향을 잃게 만드는 불필요한 우회로가 될 수도 있다. 그 선택이 진정성 있는 질문에서 비롯되었는지, 자신의 삶에 맞는 목표와 계획에 근거하고 있는지 반드시 점검해야 한다. 길의 이름보다 더 중요한 것은 그 길 위에서 내가 어떤 배움을 이루며,

어떤 사람으로 성장할 것인가이다.

결국, 자기 삶에 가장 잘 맞는 배움의 여정을 스스로 설계하고 꾸준히 실천하는 것, 그것이 오늘날 우리에게 요구되는 진짜 선택이다. 선택의 시점은 누구에게나 다가온다. 중요한 건 그 선택이 나의 삶을 더욱 풍요롭게 만들 수 있는지, 그리고 그 길 위에서 나는 어떤 나로 변해갈 것인지에 대한 철저한 자기 탐색이다.

✳ 석사 학위가
실제로 필요한가?

많은 이들이 대학원에 진학하는 이유는 석사 학위를 얻기 위해서다. 하지만 이 학위가 꼭 필요한지는 단순한 사회적 통념이나 외부의 기대만으로 판단해서는 안 된다. 각자 삶의 방향성과 진로 목표, 현재의 위치와 미래에 기대하는 모습 등에 따라 석사 학위의 필요성은 극명하게 달라질 수 있다.

중요한 것은 학위를 '소유'하는 것이 아니라, 그 과정을 통해 무엇을 배우고 어떤 내면의 성장을 이룰 것인지에 대한 자기 인식과 성찰이다. 학위가 단순한 자격증이나 외적 증명이 아니라, 커리어의 전환점이 될 수 있는가, 그리고 그 선택이 자신의 가치관과 인생철학에 얼마나 부합하는지가 핵심이다.

진로를 새롭게 설계하거나 방향을 전환하려는 사람에게 석사 과정은 자신을 돌아보고 새로운 가능성을 탐색하는 의미 있는 계기가 될 수 있다. 예컨대, 학부에서 문과 계열을 전공했지만 IT, 디자인, 교육학, 심리학 등으로의 이직이나 확장을 고민하는 사람에게 석사 과정은 하나의 전환점이 되어줄 수 있다. 또한, 새로운 분야의 전문가 네트워크에 진입하고 싶거나 특정 프로젝트에 참여하고자 할 때도, 석사 과정은 좋은 출발점이 될 수 있다.

반면, 이미 풍부한 실무 경험과 현장 감각을 갖춘 사람이라면 그 시간과 비용, 기회비용이 오히려 비효율적으로 느껴질 수 있다. 이처럼 석사 학위의 필요성은 절대적인 기준이 아니라, 개인의 맥락과 목적에 따라 상대적으로 판단해야 한다.

오늘날 사회는 빠르게 변화하고 있으며, 지식의 생산과 활용 방식도 근본적으로 달라지고 있다. 과거에는 학위가 사회적 지위나 권위의 상징처럼 여겨졌고, 어느 정도 자동적으로 기회를 보장해 주는 역할도 했다. 하지만 지금은 단순히 학위만으로 경쟁력을 확보하기는 어렵다. 실무 중심의 결과물, 현장 적용 가능성, 타인과의 협업을 통해 문제를 해결할 수 있는 능력 등 실질적인 역량이 더 높은 평가를 받는다. 특히 스타트업, 콘텐츠 산업, IT, UX 디자인, 브랜딩, 교육 스타트업 등의 분야에서는 학력보다 포트폴리오, 프로젝트 경험, 성과 기반의 역량이 더 중요하게 여겨진다. 조직은 이론적 지식보다 그것을 실천으로 전환할 수 있는 사람을 원한다.

따라서 석사 과정은 단순한 학력 상승 수단이 되어서는 안 된다. 지식을 삶에 적용하고, 실천적 지혜를 길러내는 탐구의 여정이어야 한다. 논문을 작성하거나 연구를 수행하는 과정에서 얻게 되는 비판적 사고력, 문제 해결 능력, 학제 간 사고, 그리고 분야별 전문가들과의 네트워킹은 석사 학위 자체보다 더 큰 자산이 될 수 있다. 학위는 이 여정의 부산물이며, 진정한 가치는 이 과정에서 겪는 통찰, 시행착오, 성찰, 새로운 시도와 그로 인한 내면의 확장에 있다.

현실적인 이유로 석사 과정을 선택하는 사람들도 많다. 예컨대 대학 강의 자격을 갖추기 위한 요건이나 공공 기관 및 교육 기관의 채용 요건, 특정 자격시험의 응시 자격 등에서는 여전히 학위를 요구한다. 이러한 제도적 조건이 존재하는 한, 석사 학위는 실질적인 필요로 작용한다. 그러나 이러한 외부 기준만을 근거로 진학을 결정한다면, 그 학습 과정에 대한 내적 동기가 약해져 오히려 학습 효과가 떨어질 수 있다. 중요한 것은 이러한 조건을 충족하면서도, 자신의 장기적 비전과 내적 동기 사이의 일치를 찾아내는 것이다.

 최근에는 콘텐츠 제작, 퍼스널 브랜딩, 디지털 창작 활동 등을 통해 학위 없이도 자신의 전문성과 영향력을 입증하는 사례가 증가하고 있다. 책을 출간하거나, SNS와 유튜브 채널을 통해 자신만의 지식 콘텐츠를 생산하고 공유하는 사람들이 점점 더 주목받고 있으며, 이들은 학위보다 실제 성과와 신뢰를 바탕으로 커리어를 확장하고 있다. 이는 석사 학위가 절대적인 조건이 아님을 보여주는 상징적인 흐름이다. 오히려 독창성, 자기 표현력, 실천 능력, 공감과 소통의 역량이 진짜 경쟁력으로 자리 잡고 있다.

 디지털 기술과 온라인 플랫폼의 발달로 누구나 지식을 습득하고 전달할 수 있는 환경이 마련되었다. MOOC(Massive Open Online Courses), 유튜브 강의, 온라인 커뮤니티, 오프라인 세미나와 협업 커뮤니티 등을 통해 다양한 분야의 전문가들과 자유롭게 소통하며 배울 수 있는 시대다. 이처럼 오늘날의 배움은 학위 중심의 폐쇄적인 시스템을 넘어서고 있으며, 지식의 민주화가 빠르게 진행되고 있다. 중요한 것은 학위 소지 여부가 아니라, 자신의 목소리와 고유한 관점, 실천으로 증명된 능력이다.

석사 학위는 그중 하나의 수단일 뿐이며, 결코 절대적인 성공의 보증서가 아니다.

국제적으로도 단순한 학위보다는 실무 경험, 프로젝트 참여도, 팀워크 능력, 커뮤니케이션 역량 등이 더욱 중요하게 평가되고 있다. 특히 글로벌 기업, 다국적 프로젝트, NGO, 국제기구 등에서는 학위보다 실제 협업 경험, 언어 능력, 다문화 이해력, 국제 감각 등을 더 중시한다. 석사 과정을 준비하는 사람이라면 국내 기준에만 머물지 말고 국제적 관점에서 자신의 역량을 점검하고 보완해 나가는 것이 중요하다. 학위를 취득하더라도 그것이 글로벌 커뮤니케이션 능력이나 다양한 문화에 대한 수용력으로 연결되지 않는다면, 활용 가치는 제한적일 수 있다. 시대는 점점 더 융합적이고, 경계를 넘는 협업과 통섭을 요구하고 있다.

결론적으로 석사 학위는 어떤 사람에게는 반드시 필요한 선택이 될 수 있지만, 또 다른 사람에게는 더 적합한 대안이 존재할 수도 있다. 실무 경력, 창업, 창작, 시민 참여 활동, 사회 혁신 프로젝트 등 다양한 경로를 통해 자신만의 길을 열어갈 수 있는 시대다.

중요한 것은 학위를 목표로 삼기 전에 자신의 진로, 비전, 현재의 자원과 역량을 냉정히 돌아보는 일이다. 석사 학위는 그런 여정의 하나일 뿐이며, 그 자체가 정답이 되지는 않는다. 핵심은 학위라는 외적 기준에 자신을 맞추기보다, 자신의 삶과 일의 방식, 가치관에 따라 방향을 설계하고 선택하는 태도다. 그것이야말로 지금 시대에 가장 필요한 진로 설계 능력이자, 지속 가능한 배움의 출발점이다.

✳ 연구직 취업의
　　현실적인 전망

　연구직 취업은 결코 쉽지 않은 여정이다. 일반 기업은 수익성과 실적 중심의 운영을 우선시하기 때문에, 연구직은 단기 이익에 직접 연결되지 않는다는 이유로 채용에서 우선순위가 낮아지는 경우가 많다. 특히 스타트업이나 중소기업에서는 인건비 부담과 빠른 성과 요구 때문에 연구 인력 확보에 소극적일 수 있다.

　하지만 기업의 지속 가능한 성장을 위해선 장기적인 기술력 축적과 혁신 역량 확보가 필수이며, 그 중심에는 반드시 연구개발(R&D)이 존재한다. 기술은 하루아침에 쌓이지 않는다. 오랜 시간의 실험과 실패, 시행착오와 개선을 반복하며 차곡차곡 쌓여야 하며, 이러한 과정에서 연구직은 기업의 미래를 설계하고 혁신을 이끄는 핵심 주체로 기능한다.

최근의 산업 패러다임 변화는 연구개발의 중요성을 더욱 부각하고 있다. 인공지능(AI), 사물인터넷(IoT), 클라우드, 양자컴퓨팅, 로봇 기술 등의 첨단 분야는 단순한 기술 개발을 넘어, 사회 전반의 구조와 문화를 변화시키는 원동력이 되고 있다. 이러한 기술들의 경쟁력은 결국 연구 인력의 역량에서 비롯되며, 이를 확보하지 못한 기업과 국가는 도태될 가능성이 크다. 따라서 기업들은 단기 이익을 넘어 미래를 위한 전략적 투자로서 연구직을 바라보고, 적극적으로 인재를 양성하고 유치해야 한다.

디지털 전환과 기술 융합이 가속화됨에 따라 연구의 범위도 확장되고 있다. 이제 연구는 단순히 제품의 성능을 높이는 차원이 아니라, 고객 경험을 혁신하고, 새로운 비즈니스 생태계를 설계하며, 사회적 문제를 해결하는 도구로까지 진화하고 있다. 예를 들어 탄소중립, 에너지 전환, 감염병 대응, 지속 가능한 식량 문제, 고령화 대응 등의 글로벌 과제들은 모두 깊이 있는 연구와 기술 축적 없이는 해결이 어렵다. 이에 따라 연구 인력은 기술적 전문성을 넘어 사회와 시장의 흐름을 이해하는 통찰력도 함께 갖춰야 한다.

글로벌 기업들은 이 같은 흐름을 일찍이 인식하고 있다. 구글,

애플, 마이크로소프트, 아마존, 테슬라 등은 연구 인력 확보에 막대한 예산을 투자하고 있으며, 이들의 기술 연구 결과는 단순히 기업 내 신제품 개발에 그치지 않고, 산업 전반의 구조와 패러다임을 바꾸는 데 영향을 미친다. 이러한 기업들은 내부 연구소 운영뿐 아니라 대학, 연구기관, 스타트업과의 협력을 통해 개방형 연구 생태계를 조성하고 있다.

반면, 국내 기업들은 여전히 연구직을 비용으로 인식하거나, 당장의 매출로 이어지지 않는다는 이유로 투자에 인색한 경우가 많다. 다만 최근에는 일부 대기업들이 중앙연구소를 확대하거나, 스타트업과 협업을 늘리는 등 변화의 조짐도 보이고 있다.

연구직은 고도의 전문성과 깊은 사고 능력을 요구하는 분야다. 단순한 업무 처리나 실행이 아닌, 끊임없는 질문, 문제 정의, 실험 설계, 데이터 해석, 논리적 추론, 그리고 결과의 사회적 활용까지를 포함하는 전 과정에 관여해야 한다. 최근에는 실무 경험을 가진 이들이 연구직으로 전환하는 경우도 많다. 현장의 문제를 정확히 알고 있는 사람이 연구를 수행할 때, 그 결과는 더욱 실용적이고 실천적인 방향으로 나아간다. 이 때문에 기업들은 연구와 실무를 연결할 수 있는 융합형 인재, 즉 이론과 현장을 동시에 이해하고 통합할 수 있는 사람을 선호한다.

연구자의 역할은 계속해서 확장되고 있다. 융합 연구, 오픈 이노베이션, 산학협력 등 다양한 방식이 보편화되면서, 과거처럼 실험실 안에만 머무르는 연구자는 점차 줄어들고 있다. 이제는 데이터 과학, 인공지능, 경영 전략, 사회 정책, 디자인 싱킹 등의 도구를 함께 다루며, 시장과 조직, 사회의 변화에 민감하게 반응할 수 있어야 한다. 특히 ESG(Environment, Social, Governance), DE&I(Diversity, Equity & Inclusion), 디지털 윤리 등 새로운 사회적 기준이 등장하면서, 연구자의 윤리적 책임과 사회적 감수성도 그 어느 때보다 중요해졌다.

이처럼 연구직의 사회적 역할과 기대는 확대되고 있지만, 현실적인 진입 장벽은 여전히 존재한다. 특히 연구개발 부서가 한정된 기업이나 산업 구조에서는 채용 규모가 작고, 채용 조건도 까다롭다. 박사 학위 이상을 요구하는 경우도 많고, 연구 프로젝트의 예산이 외부에 의존하는 경우 안정성 측면에서도 불확실성이 크다. 그러나 정부와 공공 기관은 이러한 한계를 보완하기 위해 R&D 예산을 지속적으로 확대하고 있으며, 산학 협력과 국제 공동 연구를 장려하고 있다. 이러한 흐름 속에서 연구직은 단순히 전공자만의 영역이 아니라, 다양한 배경을 가진 인재들이 모여 협력할 수 있는 공간으로 재정의되고 있다.

또한 연구자는 공공 영역에서도 그 역할을 확장할 수 있다. 정부 정책 개발, 시민 단체의 자료 조사, 언론과의 협업, 교육과 커뮤니케이션 등은 모두 과학적 사고와 탐구 능력을 필요로 한다. 최근에는 과학 커뮤니케이터, 데이터 저널리스트, 정책 자문 연구원 등 다양한 형태의 '연구 기반 직업'이 생겨나고 있으며, 이는 연구자의 진로 가능성을 보다 넓게 열어주고 있다.

 결론적으로 연구직은 단기적으로 보면 진입이 어려울 수 있고, 경쟁 또한 치열할 수 있다. 하지만 장기적인 관점에서 보면 그 가치와 가능성은 매우 크다. 단순히 안정적인 직장 이상의 의미를 지니며, 기술과 사회를 연결하는 가교이자, 미래를 설계하고 이끄는 핵심 역할을 수행한다.

 연구직으로 진입하기 위해서는 학문적 준비뿐 아니라, 현장 감각, 사회적 통찰, 협업 역량, 윤리 의식 등 다양한 자질이 함께 요구된다. 창업, 정부 과제 참여, 박사 후 과정, 기업연구소, 비영리기관, 국제기구 등 다양한 진입 경로가 있으며, 자기만의 전문성과 열정을 바탕으로 길을 개척할 수 있다.

 사회는 이제 연구와 혁신 없이는 진보할 수 없다. 기업과 정부는 연구 인재를 단순한 고용 대상이 아니라 전략적 파트너로 바라보아야 하며, 국민은 과학과 연구의 가치를 더 가까이에서 이해하고 지지하는 문화적 기반을 다져야 한다. 연구직은 단순한 직업이 아니라, 시대의 과제를 풀어 나가는 선도자이자 미래 세대에게 물려줄 유산을 설계하는 사람들이다.

지금 이 순간에도 연구실에서 묵묵히 문제를 해결하고 새로운 가능성을 열어가는 연구자들에게 더 큰 존중과 응원이 필요한 이유가 바로 여기에 있다.

✳ 대학원 선택할 때
가장 중요하게 고려할 것

    대학원 진학을 고민할 때 많은 이들이 가장 먼저 떠올리는 질문은 유망한 전공이 무엇인지, 어느 학교가 좋은지, 졸업 후 취업이 잘 되는지를 중심으로 한다. 물론 이러한 현실적인 조건들은 결코 무시할 수 없는 중요한 요소들이다. 하지만 이보다 먼저 반드시 스스로에게 던져야 할 근본적인 질문이 있다. "나는 어떤 문제에 진심으로 관심이 있는가?"라는 물음이다. 이 질문은 단순한 진학 여부를 넘어서 인생의 방향성을 결정짓는 핵심적인 출발점이 된다.

    대학원은 단지 석사나 박사 학위를 취득하기 위한 코스가 아니다. 외적인 스펙을 쌓거나 타인의 인정을 받기 위해 진학한다면, 중도에 동기를 잃고 회의에 빠질 가능성이 높다. 대학원 과정은 생각보다 길고 그 여정은 결코 평탄하지 않다. 수많은 시행착오와 실패를 겪어야 하며, 때로는 연구가 전혀 진전되지 않는 것 같은 막막한 시간을 견뎌야 한다. 이런 상황에서 연구 주제가 자신의 진심과 맞닿아 있지 않다면, 학위 과정의 지속 자체가 어려워질 수 있다. 반면, 자신이 선택한 주제에 대해 명확한 이유와 내면의 동기가 있다면, 어려움 속에서도 다시 일어설 수 있는 원동력을 얻게 된다.

연구란 단순히 정보 수집이나 기존 지식의 정리에 그치지 않는다. 그것은 스스로 질문을 던지고, 그 질문에 대한 답을 탐색해 가는 치열한 사고의 여정이다. 때로는 정답이 없을 수도 있고, 기존의 지식을 해체하거나 뒤흔드는 새로운 통찰에 도달할 수도 있다. 이런 과정에서 연구자는 자신의 사고 틀을 확장시키며, 더욱 단단한 지적 태도와 논리적 사고력을 키워 나간다.

이 여정은 자신이 무엇을 알고 있으며 무엇을 아직 이해하지 못했는지를 스스로 파악하고 인정하는 데서 시작된다. 따라서 "왜 이 연구를 하고 싶은가?"에 대한 자기만의 진실한 이유가 분명히 있어야 하며, 그것이 삶의 경험이나 가치관과 연결되어 있을수록 더욱 강력한 추진력을 가질 수 있다.

이러한 내면의 동기는 단지 학문적 흥미를 넘어서 사회적 책임과 연결될 수 있을 때 더 큰 의미를 지닌다.

예를 들어, 기후 위기 해결에 관심이 많은 사람이라면 에너지 전환, 환경 정책, 지속 가능한 기술 개발과 같은 주제로 연구를 진행할 수 있다. 혹은 교육의 형평성, 고령화 사회의 대응 전략, 디지털 격차 해소, 정신 건강 증진과 같은 문제들도 모두 삶과 밀접하게 연결된 연구 주제가 된다. 이처럼 자신의 경험과 문제의식이 만나는 지점에서 연구 주제를 정한다면, 그 연구는 단지 학문을 넘어 삶과 사회에 기여하는 활동이 될 수 있다.

대학원 진학은 또한 개인적 성장의 기회일 뿐 아니라, 사회적 실천의 출발점이 되어야 한다. 연구자는 단순히 지식의 생산자에 머물러서는 안 되며, 공동체의 일원으로서 사회 문제에 대한 해결책을 고민하고 실천할 수 있는 사람이어야 한다.
연구실 안에서의 탐구가 책상 위에만 머물지 않고, 현실과 연결되어야 한다. 논문 한 편이 사회 전체를 변화시키지는 못하더라도, 그것이 사람들의 삶과 닿을 수 있도록 가교 역할을 해야 한다. 연구는 결국 세상과 소통하는 언어가 되어야 하며, 그 지식은 사람을 위한 방향으로 흘러가야 진정한 가치를 지닌다.

대학원은 다양한 배경을 가진 사람들과 관계를 맺고 협업할 수 있는 공간이기도 하다. 서로 다른 전공과 세계관을 가진 이들과의 협업은 자신이 보지 못했던 관점을 접하게 하며, 더 깊은 사고를 가능하게 한다. 이는 연구 역량을 키우는 데만 그치지 않고, 인생의 시야를 넓히는 데에도 중요한 역할을 한다. 타인의 아이디어에 귀를 기울이고, 서로의 생각을 존중하며, 함께 답을 찾아가는 과정은 협업의 진정한 가치를 체험하게 해준다. 현대 사회처럼 복잡하고 다양한 문제가 얽힌 시대에는 단일한 전문성만으로 해결할 수 없는 일들이 많기에, 다양한 관점을 아우르고 통합하는 능력은 연구자에게 필수적인 자질이다.

또한 교수, 연구 동료, 현장 실무자들과의 상호작용은 이론과 실제를 연결 짓는 귀중한 경험이 된다. 기업이나 기관과의 협력을 통해 연구는 더욱 실질적인 성과를 낼 수 있으며, 이러한 경험은 대학원 이후의 진로 결정에도 중요한 자산이 된다. 실제 문제와 연결된 연구는 자신이 사회에 어떤 방식으로 기여할 수 있는지를 구체화하는 기회가 되며, 그 과정에서 자신의 전문성이 어떻게 작동하는지를 생생히 체감할 수 있다. 대학원 생활은 공부만 하는 시기가 아니라, 삶의 방향성과 사회적 역할을 탐색하는 실험장이기도 하다.

결국 대학원 진학은 수많은 가능성과 질문, 도전과 성찰의 세계로 들어가는 출발점이다. 이 여정의 문을 여는 열쇠는 진심 어린 질문이다.

"나는 왜 이 길을 가려 하는가?", "이 길이 나에게 어떤 의미가 있는가?", "나는 어떤 가치를 위해 연구하고 싶은가?"라는 질문에 진지하게 답할 수 있어야 한다. 그 답이 있을 때, 흔들리지 않고 자신만의 길을 걸어갈 수 있는 내면의 힘이 생긴다. 그 힘이야말로 진정한 연구 여정을 끝까지 밀고 나갈 수 있는 원동력이 된다.

진심으로 시작한 연구는 자기 자신을 성장시키고, 더 나아가 세상을 조금씩 바꾸는 힘이 된다. 학위는 그 여정을 기록하는 하나의 증표일 뿐이며, 가장 중요한 것은 그 과정을 통해 어떤 배움을 얻고, 어떤 사람으로 변화했는가에 있다. 대학원 선택은 단순한 진학의 문제가 아니라, 자기 삶의 의미를 찾고 방향을 정하는 깊은 자기 탐색의 여정이어야 한다.

✳ 대학 졸업 후,
기업 연구직에 입사하기 위한 전략

대학이나 대학원을 졸업한 뒤 기업의 연구직에 입사하고자 한다면, 단순한 졸업장만으로는 부족하다. 연구직은 단순한 실무자나 관리직과는 다른 결의 역량을 요구하며, 고도의 전문성과 지속적인 자기 계발, 그리고 깊은 탐구 정신이 필요하다. 특히 기업의 연구직은 단기적 성과보다는 장기적인 문제 해결 능력, 기술 축적, 창의적 사고 능력 등을 기반으로 움직이는 분야다. 따라서 입사를 목표로 한다면, 사전에 철저한 준비와 장기적인 전략 수립이 필수적이다.

무엇보다 중요한 것은 "연구자로서 자신이 어떤 사람이고 싶은가?"에 대한 자아 인식이다. 단순히 연구를 잘하는 사람을 넘어서, 어떤 문제에 몰입하고 어떤 방식으로 해결해 나가고 싶은지를 고민해야 한다. 이는 진로 방향을 잡는 데 있어 중심축이 될 뿐만 아니라, 자신이 어떤 기업과 조직문화에 잘 어울릴 수 있는지를 판단하는 기준이 된다.

먼저 연구직에 적합한 인재가 되기 위해서는 학문적 기반 위에 실용적인 기술 역량이 더해져야 한다. 학위 과정에서 배운 이론을 실험 설계나 시뮬레이션, 데이터 분석에 적용할 수 있는 능력은 기본 중의 기본이다. 최근에는 R, Python 같은 프로그래밍 언어, MATLAB, LabVIEW 등의 실험·분석 도구, 그리고 논문 작성 및 발표 능력까지도 요구된다. 이러한 기술은 학부나 대학원 과정 중 프로젝트 수행, 인턴십, 공모전 참여 등을 통해 실무에 접목해 볼 수 있으며, 이런 경험이 면접이나 자기소개서에서 강력한 어필 요소가 된다.

이와 함께 연구자는 스스로의 문제의식과 관심 분야를 명확히 설정해야 한다. 어떤 기술이나 사회 문제에 몰입할 수 있는지를 깊이 고민하고, 이를 기반으로 관련된 산업군과 기업군을 탐색해야 한다.

예를 들어 화학, 생명과학, 재료공학 전공자는 제약, 식품, 에너지, 배터리 산업 등으로의 진입이 가능하고, 컴퓨터공학, 전자공학 전공자는 반도체, 인공지능, 로봇, 클라우드, 통신 분야 기업과 연결된다. 최근에는 환경·기후 기술, ESG, 디지털 헬스케어처럼 융합형 신산업 분야가 떠오르고 있어, 관련 역량을 미리 갖추는 것도 효과적인 전략이 된다.

대기업 위주의 취업 준비에서 벗어나 중견기업, 강소기업, 기술 중심의 스타트업에 주목하는 시야 확장도 필요하다. 대기업은 구조화된 시스템과 자원, 네임 밸류가 강점인 반면, 스타트업은 다양한 역할 수행과 빠른 기술 적용, 창의적 도전을 가능하게 한다. 일부 중소·중견기업은 오히려 연구에 집중할 수 있는 환경이 잘 조성되어 있으며, 연구 성과에 따라 빠른 승진과 핵심 인재로의 성장이 가능하다. 따라서 기업의 규모보다는 해당 기업의 기술 방향성과 연구 문화, 조직 구조 등을 살펴보는 것이 중요하다. 기술 관련 특허 수, 연구개발 투자 비율, CTO의 전문성 등도 체크할 포인트다.

기업 연구직을 준비하는 과정에서는 목표 기업의 정보 분석이 필수다. 그 기업의 비즈니스 모델, 연구 중점 분야, 최근 특허 출원 내역, 산업 기술 동향 등을 꼼꼼히 분석하여 자신의 역량과의 접점을 찾아야 한다.

이를 통해 자기소개서나 면접에서 단순한 열정 표현을 넘어,

실제로 기업이 필요로 하는 인재임을 증명할 수 있다. 특히 자신이 참여한 연구나 프로젝트와 기업의 비전이 어떻게 연결되는지를 서사적으로 풀어낼 수 있다면, 경쟁자들과 차별화되는 강점을 확보하게 된다. 이런 스토리텔링은 면접 질문에 답할 때도 강력한 힘을 발휘한다.

또한 현업 종사자들과의 네트워킹도 빼놓을 수 없다. 링크드인, 리서치게이트, 학회 등을 통해 현직 연구자들과 연결하고 조언을 구하는 것은 매우 효과적인 방법이다. 채용 설명회, 취업 박람회, 학교 내 기업 강연 등 오프라인 기회도 적극적으로 활용해야 한다. 이 과정에서 얻게 되는 정보는 단순히 채용 공고로는 파악할 수 없는 조직문화, 평가 방식, 성장 경로 등에 대한 현실적인 통찰을 제공한다. 더 나아가, 현직자와의 자연스러운 커뮤니케이션을 통해 자신이 어떤 점을 보완해야 할지 구체적으로 파악할 수 있다.

연구자는 끊임없이 배우고 성장해야 하는 사람이다. 따라서 입사를 준비하는 과정에서부터 꾸준히 연구 역량을 정리하고, 포트폴리오나 발표 자료 등을 체계적으로 관리하는 습관이 필요하다. 더불어 논문 요약, 연구 일지 작성, 기술 블로그 운영

등도 자신의 전문성을 드러내는 좋은 방법이 된다. 연구직에 적합한 커뮤니케이션 능력을 기르기 위해 글쓰기 연습을 지속하는 것도 중요하다. 기술 내용을 명료하게 설명하고 논리적으로 정리하는 능력은 단순히 연구 수행뿐 아니라, 동료와의 협업이나 상사에게 보고, 외부 발표 등 다양한 상황에서 요구된다. 말과 글로 자신의 생각을 명확하게 전달하는 힘은 연구의 성과를 설득력 있게 공유하는 데 핵심적인 역량이다.

입사 이후에도 연구직은 지속적인 학습이 요구된다. 따라서 평생학습에 대한 준비와 마인드를 갖추고, 새로운 기술 트렌드에 민감하게 반응할 수 있는 습관을 형성해야 한다. 인공지능, 데이터 사이언스, 디지털 전환 관련 역량은 거의 모든 연구 분야에서 점점 더 중요해지고 있다.

온라인 강의, 세미나, 기술 서적 등을 꾸준히 학습하는 태도는 실무에 바로 적용 가능한 경쟁력을 만든다. 더 나아가, 학습한 내용을 주변 동료들과 공유하거나 사내 세미나에서 발표함으로써 조직 내에서 신뢰를 쌓고 주도적인 연구자로 성장할 수 있다.

결론적으로, 기업 연구직 입사를 위한 전략은 단순한 학위나 경력 기재로는 부족하다. 전공과 산업연결, 목표 기업 분석, 실무 기술 역량 습득, 연구 스토리 정리, 네트워킹, 자기 표현력 향상이라는 복합적인 준비가 필요하다. 이러한 전략적 준비는 단순히 채용 합격을 넘어, 연구자로서의 평생 커리어를 위한 탄탄한 기반이 된다.

준비된 자에게는 언제나 기회가 찾아온다. 그리고 그 기회를 자신의 것으로 만들 수 있는 사람은, 결국 깊은 고민과 치열한 실행을 통해 연구자로서의 길을 스스로 설계해 온 사람이다.

Chapter 6

취업 후 성공적인 커리어 구축하기

-정은상-

- 취업 후 삶의 목표를 잃지 않는 법
- 직장에서 워라밸 관리법
- 신입 사원이 반드시 챙겨야 하는 실무 팁
- 사회 초년생, 실수 대응법
- 입사 후 커리어 성장을 위한 장기 계획 세우기
- 인공지능 시대, 우리가 나아가야 할 방향

✳ 취업 후
삶의 목표를 잃지 않는 법

"지금 이 일을 왜 하고 있는가?"라는 질문을 스스로에게 던져 본 적이 있는가? 직장에 취업하는 건 본격적인 삶의 시작일 뿐, 그것 자체가 삶의 목표가 될 수는 없다. 많은 사람들이 취업을 인생의 최종 목적지처럼 여기지만, 그것은 하나의 출발점일 뿐이다. 이후에는 자신이 진정으로 어떤 삶을 살고 싶은지에 대한 근본적인 질문과 마주해야 한다. 삶의 목표는 사람마다 다르지만, 그것이 인생을 이끄는 나침반이 되어준다. 목표 없는 삶은 방향을 잃은 배와 같고, 외부의 환경에 휘둘리기 쉽다. 무엇을 위해 일하고 왜 살아가는지를 정의하지 않으면, 남이 짜놓은 틀 속에서만 존재하게 된다.

많은 직장인이 일정 시간이 지나면 "나는 왜 이 일을 하고 있을까?"라는 공허함을 느낀다. 일에 대한 자각은 삶의 방향을 다시 설정하는 계기가 되며, 돈을 목적으로 시작했던 일이 삶의 가치를 돌아보는 기회가 되기도 한다. 직장에서의 성공은 삶의 일부일 뿐 전부는 아니다. 성과와 보상은 순간의 만족을 줄 수 있지만, 그 자체로 삶의 의미를 채우긴 어렵다. 삶의 목표는 존재의 보람과 가치를 중심으로 설정되어야 하며, 그것은 타인을 돕고 공동체에 기여하며 스스로 성장하는 데 있다. 더 나아가 목표는 자신이 일에 어떻게 몰입하고, 그 과정에서 어떤 태도와 자세를 취하는지를 결정짓는다.

목표가 분명한 사람은 업무 중 겪는 갈등과 어려움 속에서도 방향을 잃지 않고 꾸준히 나아갈 수 있다. 특히 위기 상황이나 예상치 못한 변화가 닥쳤을 때, 삶의 목표는 나를 다시 일으켜 세우는 근원이 된다.

삶의 목표는 거창하거나 특별할 필요는 없다. 한 아이의 꿈을 돕는 교사, 환자의 미소에 보람을 느끼는 간호사, 도시락을 나누는 사회복지사처럼, 누구나 자신만의 방식으로 의미를 실현할 수 있다. 중요한 건 그 목표가 내게 진심으로 의미 있는가, 그리고 세상에 어떤 가치를 더하는가이다. 이타적인 가치를 중심에 둔 목표는 오래도록 지속되며 내면의 안정과 만족을 더한다.

결국 작은 실천이 큰 변화를 만든다. 이런 실천은 단순한 행동을 넘어 삶을 해석하는 새로운 방식이 되고, 일상에서 나만의 철학과 태도를 만들어가는 출발점이 된다. 그 목표가 일과 삶을 연결시켜 주는 다리가 될 때, 우리는 단순한 생계유지가 아닌, 살아 있다는 감각을 온전히 느낄 수 있다.

또한 직장은 영원하지 않다. 대부분의 직장인은 일정 기간 후 퇴직하거나 전직을 고민하게 된다. 그러므로 직장 생활 중에도 나만의 콘텐츠와 철학을 키워야 하며, 퇴근 후 1시간이라도 자신만의 프로젝트에 투자하는 것이 중요하다. 블로그 글쓰기, 사이드 프로젝트, 독서와 공부 등은 내면의 성장뿐 아니라 새로운 기회의 문을 열어줄 수 있다.

지금의 일이 끝났을 때 무엇이 남는지를 생각하며, 자연스럽게 다음 단계로 이어지는 준비를 해야 한다. 특히 기술의 변화가 빠른 시대에는 지속적인 학습과 성장이 커리어 유지의 핵심이 된다. 단기적인 성과에 매몰되지 않고, 장기적인 시야로 자기만의 브랜드와 가치를 쌓아가는 노력이 필요하다.

삶의 목표는 한번 정하면 끝나는 것이 아니라, 유연하게 조정되고 진화하는 과정이다. 인생의 시기와 환경, 삶의 가치관이 변함에 따라 목표도 새롭게 다듬어져야 한다. 중년 이후에도 새로운 삶의 목표를 설정하고 의미 있는 삶을 살아가는 사람들이 많다. 나이에 상관없이, 삶의 방향을 재설계할 수 있다는 사실은 우리에게 희망과 용기를 준다. 그렇다면 목표를 어떻게 잊지 않고 지속할 수 있을까?

첫째, 삶의 목표를 글로 적어보는 것이다.

단순한 선언이 아니라, 그 이유와 의미를 구체적으로 표현해야 한다. 종이에 손글씨로 써보거나, 디지털 노트에 정기적으로 기록하면서 자신이 왜 그 목표를 품게 되었는지를 반복적으로 상기하는 것이 중요하다. 글로 쓰는 행위는 단순한 표현을 넘어 자신의 내면을 정리하고 강화하는 효과가 있다.

둘째, 정기적으로 목표를 점검하는 루틴을 만드는 것이다.

짧은 메모나 일기를 통해 일상과 목표의 일치 여부를 확인할 수 있다. 월별이나 분기별 리뷰 시간을 정해두면, 자연스럽게 자신의 방향을 점검하고 재정비하는 시간이 생긴다. 때로는 목표가 삶의 흐름과 어긋날 수도 있으므로, 이를 점검하고 조정하는 유연한 태도가 필요하다.

셋째, 목표를 다른 사람과 공유하고 피드백을 받는 것이다.

함께 나누면 책임감과 동기 부여가 생긴다. 친구나 동료, 멘토와 정기적인 대화를 통해 서로의 목표를 점검하는 그룹을 만드는 것도 효과적이다. 나의 목표가 누군가의 삶에 긍정적 영향을 주기도 하며, 때로는 타인의 관점을 통해 새로운 방향을 발견할 수도 있다.

넷째, 목표를 일상 속 행동으로 구체화하는 것이다.

친절한 말, 짧은 글쓰기, 환경을 위한 실천 등 작은 행동이 큰 변화를 만든다. 그 행동들이 모여 자신만의 습관이 되고, 습관은 삶의 성향을 결정짓는다. 목표는 단지 생각이 아니라 행동으로 이어질 때 현실이 된다. 그리고 그 행동은 일관성을 통해 신뢰로 확장된다.

다섯째, 관련 책, 강연, 사람 등을 통해 지속적인 영감을 받는 것이다.

움직이는 사람에게 영감이 찾아온다. TED 강연, 자서전, 팟

캐스트, 워크숍 등 다양한 자극을 받아들이며 마음의 근육을 단련해야 한다. 영감은 목표를 향한 걸음을 가볍게 만들어주고, 멈칫할 때 다시 일어설 힘이 된다. 나아가 새로운 트렌드나 사회 변화에 민감하게 반응할 수 있도록 도와준다.

여섯째, 감사의 습관을 갖는 것이다.

삶의 목표를 향해 나아가는 여정에서 우리는 종종 조급해지거나 불만족에 빠지기 쉽다. 하지만 현재의 위치에서 감사할 수 있다면, 매 순간이 의미 있는 과정으로 다가온다. 감사는 자신을 겸허하게 하고, 삶을 긍정적으로 바라보는 힘을 준다. 특히 하루를 마무리하며 감사할 일을 세 가지씩 적는 습관은 정신적인 건강과도 깊은 관련이 있다.

일곱째, 때때로 멈춰서 쉬는 용기도 필요하다.

목표를 향해 달리는 데만 집중하다 보면, 오히려 지치고 방향을 잃기 쉽다. 멈추어 자신을 돌아보는 시간, 자연과 마주하거나 좋아하는 일을 하며 재충전하는 시간은 목표를 더 멀리 향하게 해주는 에너지가 된다.

　취업은 문을 여는 일일 뿐, 그 안에서 어떤 삶을 펼칠지는 나에게 달려 있다. 삶의 목표를 잊지 않는 사람은 일상의 성과에만 매몰되지 않고, 매 순간을 의미 있게 살아간다. 진정한 성공은 외부의 평가가 아니라, 내가 내 삶에 만족할 수 있는가에 달려 있다. 삶의 목표는 단순한 기준이 아니라, 나를 지탱하고 일으키는 힘이다. 목표가 있는 삶은 흔들리더라도 다시 중심을 잡고 나아갈 수 있는 힘을 제공한다. 그리고 그 힘이야말로, 우리가 인생이라는 항해를 끝까지 이어갈 수 있게 만드는 진짜 동력이다.

✳ 직장에서
워라밸 관리법

워라밸, 즉 워크 앤 라이프 밸런스는 단순히 일과 여가를 나누는 문제가 아니라, 삶의 질을 결정짓는 중요한 기준이다. 직장에서 워라밸을 잘 관리하는 것은 단지 휴식의 문제가 아닌, 장기적으로 지속 가능한 삶을 위한 전략이며, 개인의 정신 건강, 인간관계, 자아실현, 그리고 커리어 발전에 모두 깊은 영향을 미친다. 워라밸은 우리가 어떻게 존재하며 살아가고자 하는지에 대한 근본적인 태도이기도 하다.

일은 삶의 중요한 일부이지만, 결코 전부가 되어서는 안 된다. 가족과의 시간, 자기 계발, 친구들과의 교류, 공동체 참여, 개인의 성찰 등 다양한 삶의 요소들이 조화를 이루어야 건강하고 균형 잡힌 삶이라고 할 수 있다. 이 균형은 단순한 시간 배분을 넘어서 정서적 만족과 에너지 회복의 조화를 의미한다.

워라밸은 결국 "나는 왜 이 일을 하고 있는가?"라는 존재론적 질문과 연결되며, 삶의 목적과 직업적 목표가 만나는 지점에서 진정한 의미를 찾을 수 있다. 이 질문을 주기적으로 던져봄으로써 우리는 휘둘리지 않고 중심을 유지할 수 있다.

현대 사회에서 일과 삶의 경계는 점점 더 희미해지고 있다. 재택근무, 유연근무제, 비대면 업무 환경이 확산되면서 일과 개인 시간 사이의 물리적·심리적 경계가 허물어지고 있다. 업무용 메신저나 이메일이 24시간 작동하는 환경 속에서 우리는 '쉼'의 개념조차 잃기 쉽다. 심지어 휴식 중에도 "언제든 다시 일할 수 있다"라는 압박감은 마음의 여유를 없앤다.

따라서 단순한 팁이나 요령을 넘어, 근본적인 인식과 태도의 전환이 필요하다. 워라밸을 위한 삶의 설계는 나만의 리듬과 원칙을 만들어가는 과정이어야 하며, 다음 여섯 가지 전략은 그 방향을 제시해 준다.

첫째, 업무 시간에는 철저히 몰입하자.

단순히 오래 일하는 것이 아니라, 일하는 시간 안에서 얼마나 깊게 몰입하는지가 중요하다. 하루에 반드시 처리할 핵심 업무 2~3가지를 설정하고, 불필요한 회의나 멀티태스킹을 줄이며, 스마트폰 알림 등 디지털 방해 요소를 차단하자. 집중력은 근육과 같아 반복 훈련을 통해 향상되며, 몰입의 경험은 자기 효능감을 높이고 업무에 대한 만족도를 끌어올린다. 일정 시간 집중 후 짧은 휴식을 반복하는 '포모도로 기법' 등도 효과적이다.

둘째, 퇴근 후에는 완전히 분리하자.

일과 삶의 분리에서 가장 중요한 것은 퇴근 이후의 자기 보호다. 업무용 메신저와 이메일 알림을 꺼두고, 가족과 대화하거나 좋아하는 활동에 시간을 투자하자. 요가, 산책, 독서, 음악 감상 등은 뇌의 피로를 풀고 감정적 회복을 도와준다. 디지털 디톡스 시간을 하루 30분이라도 확보하면, 자신에게 집중할 수 있는 여유가 생긴다. 저녁 시간에는 스마트폰을 멀리하고, 오롯이 나의 감정과 생각을 정리하는 시간이 필요하다.

셋째, 스트레스의 신호에 민감해지자.

스트레스는 우리 몸과 마음이 보내는 중요한 메시지다. 무기력, 짜증, 집중력 저하, 수면장애 등의 신호를 무시하지 말고, 회복 활동을 계획하자. 하루 10분의 명상, 친구와의 대화, 혹은 심리상담을 통해 감정을 표현하고 정리하는 습관이 필요하다. 스트레스를 외면하기보다 맞이하고 다루는 태도가 삶의 질을 좌우한다. 자신만의 회복 레시피를 만들어두는 것도 도움이 된다. 예를 들어, 좋아하는 음악을 듣거나 향기 나는 차를 마시는 단순한 행동이 큰 안정감을 줄 수 있다.

넷째, 삶의 중심을 일 외의 의미 있는 활동으로 넓히자.

자신의 정체성을 직무에만 두지 않고, 다른 분야에서 나만의 의미를 찾아야 한다. 봉사 활동, 운동, 취미 생활, 예술 감상, 글쓰기 등 다양한 활동을 통해 내 삶의 범위를 확장해 보자. 이는 일의 성과와 무관하게 삶을 의미 있게 만드는 자원이 되며, 정체성의 균형을 지켜준다. 또한 이는 번아웃을 예방하는 심리적 완충 장치 역할도 한다.

다섯째, 일상에서 의식적인 전환점을 만들자.

아침에 출근 전 짧은 산책을 하거나, 퇴근 후 따뜻한 차 한 잔을 마시며 하루를 정리하는 루틴을 만들자. 이처럼 반복되는 작은 의식은 일과 쉼 사이에 명확한 경계선을 만들어주고, 삶의 흐름을 회복 가능하게 만든다. 매일 아침 "오늘은 어떻게 살고 싶은가?"를 되새기고, 저녁에는 "무엇을 배웠는가?"를 정리하는 짧은 기록 습관도 권장할 만하다.

여섯째, 워라밸에 대한 사회적 인식과 협력을 촉진하자.

워라밸은 개인의 선택만으로 실현되기 어렵다. 기업과 조직이 구성원의 삶을 존중하는 문화와 제도를 만들고, 정부 역시 제도적 지원을 강화해야 한다. 예측 가능한 근무 시간, 유급 휴가 사용 장려, 휴식권 보장 등이 조직 차원의 변화로 연결되어야 한다. 개인은 스스로의 워라밸을 지키기 위해 목소리를 내고, 필요한 요구를 표현할 수 있어야 한다. 상사나 동료와 소통을 통해 기대치를 조율하고, 감정 노동을 줄일 수 있는 조직 내 심리적 안전망도 중요하다.

결론적으로 워라밸은 단순히 덜 일하는 것이 아니라, 더 충실히 살아가는 방식이다. 창의성과 감성이 중요한 인공지능 시대일수록 인간다움의 본질은 더욱 중요해진다. 우리는 일을 잘하는 것뿐만 아니라, 삶을 잘사는 능력을 길러야 한다. 워라밸은 커리어의 지속 가능성을 높이고, 인생 전체의 건강과 행복을 지켜주는 핵심 원칙이다. 지혜롭게 일하고, 충분히 쉬며, 삶을 사랑하는 태도야말로 지금 우리 모두에게 가장 필요한 커리어 전략이자, 자신을 지키는 강력한 방어선이다.

✱ 신입 사원이 반드시 챙겨야 하는 실무 팁

오늘날 신입 사원의 개념은 과거보다 훨씬 더 유연하게 해석되고 있다. 과거에는 대학을 졸업하고 처음 입사한 사람만을 신입 사원이라 불렀지만, 현재는 일정한 경력이 있더라도 새로운 조직이나 환경에서 새롭게 일을 시작하는 사람 역시 신입 사원으로 간주된다. 이직이나 직무 전환, 혹은 전혀 새로운 분야로의 도전은 모두 '신입'이라는 공통된 출발선에 선 것이다. 중요한 것은 과거의 연차나 타이틀이 아니라, 새로운 환경에 얼마나 민첩하게 적응하고, 주어진 역할을 어떻게 소화하며 성장해 나가느냐에 있다. 따라서 신입은 단지 직책의 이름이 아니라, 새로운 조직문화 속에서 자신을 다시 세우는 태도와 적응력의 문제로 이해되어야 한다.

현대 조직은 빠르게 변화하며 디지털 전환과 다양한 세대, 문화가 공존하는 복합적 구조를 가지고 있다. 이러한 변화 속에서 신입 사원은 단순히 업무 지시를 수행하는 수준을 넘어서야 한다. 문제 해결 능력, 협업 역량, 주도적인 자세가 핵심 역량으로 요구되고 있다. 특히 인공지능과 디지털 기술의 빠른 발전은 신입 사원에게 더 높은 수준의 기술 적응력과 유연한 사고를 필요로 한다. 이제는 단순한 성실함만으로는 부족하다. 업무의 흐름을 이해하고, 타 부서와의 협업을 조율하며, 스스로 판단하고 제안할 수 있는 능동적인 태도가 중요한 시대다. 또한 감정 조절 능력, 스트레스 관리법, 디지털 커뮤니케이션 매너 등도 필수 역량으로 떠오르고 있다.

신입 사원이 반드시 기억해야 할 실무 팁은 다음과 같다.

첫째, 업무의 본질을 파악하라.

단순히 시키는 일을 수행하는 것이 아니라, 자신이 맡은 업무가 조직 전체에서 어떤 의미를 가지며, 어떤 흐름 안에 위치해 있는지를 파악해야 한다. 이를 위해서는 선배나 동료에게 적극적으로 질문하고, 관련 문서나 매뉴얼을 통해 배경지식을 쌓는 노력이 필요하다. 일이 왜 필요한지, 누가 이 결과를 활용하는지를 이해할수록 동기부여도 높아진다. 그렇게 해야만 일이 의미 있게 다가오고, 장기적인 관점에서 문제 해결 능력도 길러진다. 더 나아가, 업무 목표와 회사의 비전 간의 연결고리를 찾는 습관은 장기적 커리어 설계에도 큰 도움이 된다.

둘째, 사전 준비와 복습 습관을 들이자.

회의나 업무 지시를 받기 전에는 관련 내용을 미리 공부하고, 회의 후에는 내용을 정리하고 복습하는 습관을 가져야 한다. 일과가 끝난 후에는 자신이 처리한 업무를 점검하고 메모해 두는 것이 좋다. 이러한 습관은 반복되는 실수를 줄이고, 업무 이해도를 빠르게 높일 수 있다. 특히 잘 몰랐던 개념이나 실수한 부분은 따로 정리해 두면, 반복 학습을 통해 빠르게 성장할 수 있다. 복습과 점검을 정기 루틴으로 만들어두면 업무 효율이 눈에 띄게 높아지고, 상사나 동료와의 커뮤니케이션에서도 신뢰를 얻기 쉬워진다.

셋째, 자기 주도적으로 업무를 관리하라.

상사의 지시를 기다리는 수동적인 자세보다는, 스스로 할 일을 정리하고 우선순위를 세우며 능동적으로 업무를 이끄는 태도가 필요하다. 진행 상황을 수시로 상사에게 공유하고, 스스로 판단하여 조율하는 능력은 신뢰를 얻는 지름길이다. 특히 자신이 맡은 일에 주인의식을 가지고 임하면 업무의 질도 자연스럽게 높아진다. 업무 리스트를 정기적으로 점검하고, 완료 여부를 스스로 체크하는 루틴을 만들면 일의 흐름을 주도적으로 이끌 수 있다. 더 나아가, 업무 프로세스를 문서화하거나 매뉴얼을 만드는 습관을 들이면 동료와의 협업에도 큰 도움이 된다.

넷째, 디지털 도구와 기술에 익숙해져라.

문서 작성, 일정 관리, 협업 도구 등은 기본이며, ChatGPT 같은 생성형 인공지능 도구를 활용해 아이디어 정리, 요약, 초안 작성 등의 업무를 효율적으로 수행할 수 있어야 한다. 노션(Notion), 슬랙(Slack), 트렐로(Trello), 구글 워크스페이스 같은 도구에 익숙해지면 협업 속도와 질이 향상된다. 디지털 역량은 단순한 보조 수단이 아니라, 신입 사원이 업무에서 두각을 나타낼 수 있는 핵심 도구다. 업무 자동화 도구나 데이터 분석 툴에 대한 기본적인 지식을 갖추면, 복잡한 작업도 효율적으로 처리할 수 있다.

다섯째, 소통 능력을 키워라.

효과적인 커뮤니케이션은 단순한 말하기가 아니라, 상대방의 입장을 이해하고, 정확한 정보를 전달하며, 피드백을 수용하는 태도에서 비롯된다. 특히 문제가 생겼을 때는 이를 숨기지 말고, 빠르게 공유하고 함께 해결책을 찾아가는 자세가 중요하다. 정중하면서도 명확한 소통은 협업의 기반이 되며, 조직 내에서 신뢰를 형성하는 중요한 출발점이 된다. 또한 이메일, 회의, 보고서 등 다양한 커뮤니케이션 채널에 따라 적절한 표현 방식과 톤을 익히는 것도 필요하다. 비언어적 커뮤니케이션, 즉 표정, 태도, 제스처 등의 중요성도 간과해서는 안 된다.

여섯째, 조직문화를 관찰하고 존중하라.

각 조직은 고유의 의사소통 방식, 회의문화, 의사결정 구조를 갖고 있다. 무작정 자신의 방식대로 밀어붙이기보다는 먼저 그 조직이 어떤 문화를 가지고 있는지 이해하려는 노력이 중요하다. 분위기를 파악하고, 기존 구성원과의 호흡을 맞추는 유연한 태도는 빠른 적응의 지름길이다. 사내 규범이나 암묵적인 룰을 파악하고 존중하는 태도는 조직 내에서 긍정적인 평판을 형성하는 데 크게 기여한다.

일곱째, 관계를 구축하고 인맥을 넓혀라.

업무는 결국 사람과 사람 사이에서 이루어진다. 같은 부서뿐만 아니라 타 부서, 지원 부서와도 좋은 관계를 맺는 것이 중요하다. 점심시간이나 사내 모임, 온라인 커뮤니티 등을 통해 자연스럽게 인간관계를 넓혀가는 것이 좋다. 신뢰 기반의 관계는 업무 협업을 훨씬 원활하게 만들고, 도움을 주고받는 자산이 된다. 멘토를 찾고, 피드백을 적극적으로 요청하며, 작은 감사 표현을 자주 하는 것도 관계 형성에 큰 도움이 된다.

신입 사원이라는 출발점은 누구에게나 낯설고 긴장될 수 있지만, 기본기를 다지고 꾸준히 실천하며 배워나간다면 그 어떤 조직에서도 빠르게 성장할 수 있다. 결국 중요한 것은 얼마나 빨리 적응하느냐가 아니라, 얼마나 성실하고 주도적으로 자신의 자리를 만들어 가느냐다.

　오늘의 태도와 습관이 내일의 성과와 성장으로 이어진다. 신입이라는 자리는 약점이 아니라, 무한한 가능성과 잠재력이 열린 시작점이다. 스스로를 끊임없이 단련하며, 주변과 협력하고, 기술과 사람 사이에서 조화를 이루는 능력을 기른다면, 당신은 곧 조직의 중심으로 자리 잡게 될 것이다.

✺ 사회 초년생, 실수 대응법

　직장이나 사회에 첫발을 내디딘 초년생에게 실수는 피할 수 없는 통과의례다. 누구나 처음부터 완벽할 수는 없다. 낯선 환경, 익숙지 않은 업무, 새로운 인간관계 속에서 실수는 자연스럽게 발생한다. 중요한 것은 실수 자체가 아니라 그것을 어떻게 바라보고 대처하느냐다.

　실수를 두려워하면 배우기를 망설이게 되고, 도전을 피하게 된다. 반면 실수를 자산으로 삼는 사람은 더 단단해지고 빠르게 성장한다. 실수는 실패가 아니라 배움의 문이며, 그 문을 여는 열쇠는 자신의 태도에 달려 있다.

　초년생에게 실수는 자연스러운 일이다. 지시를 잘못 이해하거나 실수를 하기도 한다. 때론 작은 실수 하나가 조직 내에서 파장을 일으키기도 하지만, 그 경험을 통해 더 넓은 시야와 신중함을 배울 수 있다. 그럴수록 스스로를 책망하기보다 그 안에서 배움을 찾으려는 태도가 중요하다. 상사, 동료, 고객, 협력업체 직원, 아르바이트생까지 모두 나의 스승이 될 수 있다. 상황과 사람을 통해 배우려는 마음이 있다면 실수는 더 이상 두려움이 아니라 성장의 자극제가 된다.

오랫동안 우리 사회의 교육 시스템은 실수를 금기시해 왔다. 시험에서 오답을 쓰면 감점되고, 발표 시간에 틀리면 부끄러운 상황이 연출된다. 이런 문화 속에서 자란 사람들은 실수하는 것 자체를 두려워하고 완벽주의에 시달리게 된다.

그러나 사회는 다르다. 실수하지 않는 사람은 없다. 실수를 통해 배우고 점점 나아지는 자세가 중요하다. 완벽하려 하기보다 정직하게 배우려는 자세가 초년생에게는 훨씬 더 값진 자산이다. 조직은 완벽한 신입보다도, 실수를 인정하고 성장하는 신입을 더 신뢰하게 마련이다.

실수는 미완성인 자신을 돌아보게 하고, 더 나은 가능성을 발견하게 하는 거울이다. 스스로를 재정비하고 다음 단계로 나아가는 힘을 기르는 것이 중요하다. 오히려 실수하면서 배우는 사람일수록 더 유연하고 창의적인 사고를 갖게 된다. 실수를 허용하는 문화가 창의성과 자율성을 키운다는 점에서도, 실수는 회피할 대상이 아니라 적극적으로 다뤄야 할 요소다. 실수를 통해 얻게 되는 통찰은 이론이나 교육으로는 얻기 힘든 귀한 자산이며, 이를 바탕으로 인간관계, 감정 조절, 일 처리 능력이 크게 향상된다.

골프 선수도 처음에는 엉뚱한 방향으로 공을 보내지만, 연습을 통해 점차 정확도를 높인다. 초년생도 처음엔 문서를 잘못 올리거나 회의에서 말실수를 하기도 하지만, 그것이 곧 기준이 되고 자신만의 노하우가 된다. 스포츠, 예술, 과학, 경영 등 어느 분야든 실수 없는 성공은 없다. 포스트잇이나 전자레인지처럼 실수가 혁신의 씨앗이 되기도 한다. 오히려 실수한 경험이 향후 비슷한 위기를 슬기롭게 넘길 수 있는 밑거름이 된다.

그렇다면 실수를 했을 때 어떤 태도가 필요할까?

첫째, 실수를 인정하라.
변명하지 말고 솔직하게 인정하라. 그것이 신뢰를 지키는 첫걸음이며, 리더십의 시작이다. 인정은 약함이 아니라 책임감의 표현이며, 오히려 조직의 신뢰를 얻는 계기가 된다.

둘째, 해결책을 제시하라.

단순한 사과에 머물지 말고, 구체적인 대안을 고민하고 실행하라. 문제 상황에 대한 분석과 적극적인 조치가 동반될 때, 실수를 전환점으로 만들 수 있다.

셋째, 피드백을 구하라.

조언을 듣고 행동으로 옮기면 빠르게 성장할 수 있다. 상사나 선배의 의견을 귀담아듣고 메모하는 습관은 다음 단계로 나아가는 데 큰 도움이 된다.

넷째, 복기하고 기록하라.

왜 그런 일이 생겼는지 돌아보고 간단히 메모해 두면 다음에 큰 힘이 된다. 반복하지 않기 위한 대비책을 스스로 만드는 것이 실전 능력을 키우는 열쇠다.

다섯째, 자책하지 말고 의미를 찾아라.

실수는 자존감을 깎는 게 아니라 단단하게 세우는 훈련이다. 실수는 성장의 지점이며, 인간적인 면모를 배우는 과정이기도 하다.

여섯째, 주변과 소통하라.

실수는 혼자만의 일이 아니므로 상황을 공유하고 협업의 신뢰를 지켜라. 투명한 의사소통은 갈등을 예방하고 더 건강한 조직문화를 만들어간다.

일곱째, 자신만의 원칙을 세워라.

명확한 기준이 있으면 흔들릴 때 중심을 잡을 수 있다. 실수를 줄이기 위해 스스로 정한 행동 원칙이나 업무 매뉴얼을 만드는 것도 좋은 방법이다.

여덟째, 타인의 실수에서도 배워라.

남의 경험도 귀한 배움이 된다. 주변 동료의 실수 사례를 관찰하고, 유사 상황에서 어떻게 대응할지 미리 연습해 보자.

아홉째, 실수 이후의 태도를 관리하라.

이후의 태도가 더 오래 기억된다. 사후 대응이 성숙하고 적극적이면, 실수 자체보다 더 큰 신뢰를 얻을 수 있다.

열째, 배움을 나눠라.

실수에서 얻은 교훈을 팀과 나누면 모두의 자산이 된다. 슬랙이나 메신저에 짧은 팁을 공유하거나, 회의 시간에 겸손하게 사례를 이야기해 보자.

열한째, 실수 예방 시스템을 만들라.

같은 실수가 반복되지 않도록 체크 리스트를 만들거나 프로세스를 재정비하는 것도 중요하다. 개인의 경험이 조직 전체의 개선으로 이어질 수 있다.

열두째, 심리적 회복탄력성을 키워라.

실수 후 좌절하지 않고 다시 일어서는 힘은 커리어 전반에서 큰 자산이 된다. 긍정적인 자기 대화, 운동, 취미 활동은 회복력 향상에 도움이 된다.

실수는 누구나 한다. 문제는 그것을 어떻게 받아들이고 행동으로 옮기느냐다. 같은 실수도 어떤 사람은 좌절의 계기로, 또 어떤 사람은 성장의 발판으로 삼는다. 실수는 나의 성장 곡선 위에 놓인 이정표이며, 그것을 어떻게 해석하느냐에 따라 삶의 방향은 달라진다. 실수를 통해 얻은 경험은 이력서에 적히진 않지만, 실제 업무에서 더욱 빛을 발한다.

실수는 잠시 멈추는 것이 아니라 도약을 위한 준비다. 돌부리에 걸려도 걷기를 멈출 필요는 없다. 오히려 넘는 법을 익히면 더 단단해진다. 실수는 장애물이 아니라 성장의 신호다. 실수를 통해 자신을 돌아보고, 더 나은 방향을 고민하고, 조금 더 나은 나로 나아가는 과정. 그것이 진짜 성장이다. 그리고 그 과정은 평생 이어질 배움의 순환고리다.

초년생일수록 실수를 두려워하지 말고 그 안의 가능성과 배움을 적극적으로 찾아야 한다. 실수는 단순한 사건이 아니라 나만의 철학과 태도를 다듬는 여정이다. 실수를 통해 겸손해지고, 단단해지고, 나를 더 깊이 이해하게 된다. 이 여정을 피하지 말고 즐겨보자. 실수는 너그러운 스승이다. 두려워할 것이 아니라 존중하고, 감사할 존재다. 실수는 오늘을 성장의 발판으로 바꾸는 가장 확실한 기회다.

✳ 입사 후 커리어 성장을 위한 장기 계획 세우기

30년 전만 해도 기업이나 공공 기관에 입사하면 그곳에서 평생을 보내고 정년퇴직 후 삶을 마무리하는 것이 일반적인 상식이었다. 직장은 곧 인생의 전부였고, 조직에 대한 충성과 성실한 근속이 성공의 척도로 여겨졌다. 그러나 이제는 평균 수명이 80세를 넘어섰고, 정년 이후에도 20~30년의 시간이 남아 있다. 단순히 오래 사는 것이 아니라, 그 시간 동안 어떻게 의미 있고 생산적인 삶을 살아갈지가 더욱 중요한 과제가 되었다. 우리는 인생 2막, 아니 어쩌면 3막까지도 계획해야 하는 시대에 살고 있다. 이런 변화 속에서 입사와 동시에 "어떻게 나의 커리어를 장기적으로 성장시킬 것인가"에 대한 전략적 고민이 필수가 되었다.

지금은 단일 직업으로 평생을 살아가기 힘든 'N잡러'의 시대다. 온라인 플랫폼 부업, 프리랜서 프로젝트, 전자상거래, 시간제 강의나 콘텐츠 제작 등 다양한 방식으로 수입을 설계해야 하며, 커리어의 유연성과 자기 주도성이 강조된다. 동시에 기술 발전과 인공지능의 확산으로 기존 일자리는 줄고, 새로운 형태의 직무가 등장하고 있다. 고정된 시간과 장소, 업무 범위는 점점 의미가 줄고, 유연성과 창의성이 커리어의 핵심 요소로 자리 잡고 있다. 과거처럼 한 회사에만 의존하는 커리어 설계는 점점 리스크가 되고 있으며, 직장 안팎에서 다양한 가능성을 실험하는 자세가 요구된다.

또한 코로나19 팬데믹 이후, 원격근무나 하이브리드 워크 모델 등의 확산은 전통적인 직업관과 일하는 방식에도 근본적인 변화를 가져왔다. 이제는 안정적인 직장 하나에 안주하기보다, 언제든지 변화할 수 있는 탄력성과 개인의 자산화를 중심으로 커리어를 설계하는 것이 더욱 현실적인 전략이 되었다. 커리어는 더 이상 한 방향으로만 흐르는 직선이 아니라, 다양한 지점에서 분기하고 확장되는 네트워크다.

이런 복잡한 환경에서 커리어는 더 이상 조직이 결정해 주는 것이 아니라 개인의 책임이자 기회다. 그러나 대부분의 직장인은 입사 이후 눈앞의 업무에 집중하느라 장기적인 커리어 관점은 놓치기 쉽다. 그래서 입사 초기부터 '투 트랙' 마인드가 필요하다. 낮에는 본업에 집중하고, 퇴근 후에는 사이드 프로젝트, 온라인 강의, 콘텐츠 제작 등을 통해 자기 계발을 병행해야 한다.

이런 실천은 커리어 전환이나 독립의 토대가 되며, 진입 장벽을 낮추는 역할도 한다. 특히 기술 활용 능력과 창의적 표현 역량을 함께 기르면 변화에 강한 인재로 성장할 수 있다. 하루 1시간이라도 자신에게 투자하는 습관이 5년 뒤 커다란 차이를 만든다.

그렇다면 장기적인 커리어 성장을 위해 어떤 전략이 필요할까? 다음과 같은 일곱 가지 방향을 제안한다.

첫째, 자신의 강점 파악과 전문성 개발이다.

입사 초기부터 자신이 잘하고 좋아하는 분야를 탐색하고, 관련 역량을 꾸준히 강화해야 한다. 자격증 취득, 프로젝트 참여, 멘토링을 통해 경쟁력을 높이고, 약점 보완보다 강점 극대화 전략에 집중할 필요가 있다. 강점은 스스로도 즐겁게 몰입할 수 있는 분야이며, 장기적으로 나만의 영역을 만드는 데 기반이 된다. 특히 강점을 콘텐츠로 구조화하여 외부에 공유할 수 있다면, 이는 곧 개인 브랜드로 발전할 수 있다. 기업 내부에서도 자신만의 강점을 기반으로 한 포지셔닝이 가능해지고, 특정 분야의 전문가로 성장할 수 있다.

둘째, 변화에 대한 민감성과 유연성 확보다.

직업과 산업은 빠르게 바뀐다. 흐름을 읽고 필요하면 직무 전환이나 업종 이동을 시도할 수 있어야 한다. 예기치 못한 기회도 적극적으로 자신의 것으로 만드는 태도가 필요하며, 실패 역시 커리어 자산이 된다. 변화는 불안이 아니라 성장의 기회로 여겨야 하며, 유연한 사고방식이 생존력과 연결된다. 실제로 커리어 경로가 일직선이 아닌 곡선이나 나선형으로 전개되는 경우가 많아지고 있다. 전환을 두려워하지 말고, 방향 전환의 타이밍을 읽는 감각을 길러야 한다. 이를 위해 뉴스, 산업 리포트, 트렌드 북 등을 정기적으로 읽는 습관도 필요하다.

셋째, 네트워크와 관계 자산 구축이다.

커리어는 혼자 쌓는 게 아니다. 조직 안팎에서 신뢰를 쌓고 협업 기회를 넓혀야 한다. 오프라인 모임, 온라인 커뮤니티, SNS 등을 통해 관계를 확장하고, 작은 인사말도 장기적 인연의 시작이 될 수 있다. 인맥은 단순한 인간관계를 넘어 서로의 성장을 돕는 자산이다. 관계를 통해 정보와 기회가 흐른다. 특히 다양한 분야의 사람들과의 교류는 새로운 관점을 얻게 하며, 융합형 인재로 성장하는 데 중요한 역할을 한다. 타인의 커리어 전환 사례나 실패 경험도 훌륭한 학습 자료가 될 수 있다.

넷째, 평생학습의 습관화다.

빠르게 변하는 시대에서 학습은 선택이 아니라 생존이다. 디지털 기술, 외국어, 인문 소양까지 다양한 분야를 학습하며, 업무 적용과 문제 해결 능력까지 확장해야 한다. 일상 속 질문이 결국 커리어의 힘이 된다.

독서, 온라인 강의, 세미나, 코칭 등 다양한 방식으로 학습을 설계하고 꾸준히 실천하는 것이 핵심이다. 매년 새로운 분야를 배우고, 새로운 툴을 익히는 것이 커리어의 생명력을 높인다. 또한 배운 것을 실무에 적용하고, 정리하고, 공유하는 순환이 필요하다. 학습은 자기 성장의 엔진이며, 결국 자신만의 지식 자산으로 누적된다.

다섯째, 자기만의 브랜드 만들기다.

   지식과 경험을 온라인을 통해 나누고, 진정성 있는 커뮤니케이션으로 신뢰 기반의 개인 브랜드를 구축해야 한다. 브랜드는 단순한 포장이 아닌, 일하는 방식과 가치관까지 포함된 총체적 이미지다. 유튜브, 블로그, 브런치, 링크드인 등 다양한 채널을 활용해 자신만의 메시지를 전하고, 영향력을 확장할 수 있다.
   개인 브랜드는 새로운 기회를 불러오고, 이직이나 창업 시에도 강력한 자산이 된다. 특히 자신의 관심 분야에 대해 꾸준히 글을 쓰고 공유하는 것만으로도 브랜드가 만들어진다. 브랜드는 신뢰와 연결되고, 결국 일의 지속 가능성을 높여준다.

여섯째, 의미 중심의 커리어 설계다.

   단순히 승진이나 연봉 상승이 아니라, 내가 하는 일이 어떤 사회적 가치를 창출하는지 고민해야 한다. 의미를 중심에 두는 커리어는 번아웃을 줄이고, 지속 가능한 성장을 이끈다. 내가 이 일을 통해 누구에게 어떤 영향을 주고 싶은지, 나의 일이 세상에 어떤 흔적을 남길지를 스스로 물어야 한다. 이는 커리어가

곧 삶의 철학과 연결되는 지점이다. 삶의 의미와 일의 방향이 연결될 때, 우리는 더 깊이 있는 몰입을 경험하게 된다.

일곱째, 회복력과 감정 관리 능력이다.

커리어에는 크고 작은 위기와 갈등이 수반된다. 좌절, 실패, 인간관계의 어려움 속에서 자신을 어떻게 회복하고 중심을 잡을 수 있는지가 장기 커리어의 지속 가능성을 결정짓는다. 감정의 기복을 조절하는 자기 인식 능력과 회복 탄력성은 훈련 가능한 능력이다. 명상, 일기 쓰기, 상담 등의 방법으로 감정 관리와 내면 성장을 함께 도모할 수 있다.

결론적으로, 커리어 전략은 입사 후 어느 날 갑자기 시작하는 것이 아니라, 입사 초기에 자연스럽게 설계되어야 한다. 다음과 같은 실천을 추천한다:

매년 하나의 기술이나 지식을 배우는 학습 계획 수립, 3개월마다 경력 목표 점검, 매달 업계 행사 참여, 온라인 포트폴리오와 SNS 업데이트, 피드백 수용과 반영. 이런 실천은 시간이 쌓이면 커리어의 전환점이 된다. 또한 5년 단위로 커리어 리포트를 작성하고, 나만의 방향성과 가치를 점검해 보는 루틴을 갖는 것도 도움이 된다. 여기에 더해 1년에 한 번은 스스로에게 다음 질문을 던져보자.

"나는 지금 내가 원하는 방향으로 성장하고 있는가?"

기술 발전, 인공지능 확산, 고용 구조 변화 속에서 커리어는 조직 밖에서도 의미를 만들어가야 한다. 커리어는 단순한 생계가 아닌 삶의 방향성을 그리는 과정이다. 나만의 역량을 키우고, 사람과의 관계를 통해 기회를 만들며, 실패마저도 성장의 자산으로 바꾸는 태도가 중요하다. 이것은 단순한 전략이 아니라, 변화를 살아내는 생존법이자 인생을 설계하는 철학이다. 지금이 그 여정을 시작할 최고의 시기다. 작지만 지속적인 실천이 큰 변화를 만들어낸다. 오늘의 선택이 내일의 커리어를 만든다.

✱ 인공지능 시대,
우리가 나아가야 할 방향

    2022년 11월, ChatGPT 3.5의 등장은 인공지능이 대중의 삶 속으로 본격 진입하는 역사적 전환점이 되었다. 이전까지 인공지능은 일부 기술자나 연구소의 영역에 머물렀지만, ChatGPT를 계기로 누구나 AI를 손쉽게 경험할 수 있는 시대가 열린 것이다. 2023년 이후 생성형 인공지능은 전 세계적으로 폭발적인 반응을 일으켰고 교육, 산업, 예술, 복지 등 모든 분야에 걸쳐 그 영향력을 확대하고 있다. 2025년 현재 우리는 'AI 춘추전국시대'의 한가운데에 있으며, 오픈AI의 GPT 시리즈를 시작으로 마이크로소프트의 코파일럿, 구글의 제미나이, 메타의 라마, 일론 머스크의 그록, 그리고 다양한 오픈소스 기반 AI 모델들이 치열한 경쟁 속에서 진화를 거듭하고 있다.

AI의 확산과 일상의 변화

이제 인공지능은 단순한 도구가 아니라 인간의 사고 체계와 사회 시스템을 변화시키는 중심축이 되었다. 우리는 글을 쓰고 그림을 그릴 때, 정보를 검색하거나 고객을 응대할 때, 심지어 감정을 표현할 때조차 AI와 상호작용하고 있다. 텍스트 생성, 번역, 요약, 코드 작성, 디자인, 음성 합성은 AI에 의해 빠르게 자동화되고 있으며 의료 진단, 법률 상담, 정서 분석, 학습 튜터링 등 인간 전문성이 요구되던 영역까지도 점차 AI가 보조하거나 대체하고 있다.

농촌 지역에서는 AI 기반 원격진료 시스템이 의료 접근성을 높이고 있으며, 고령화 사회에서는 돌봄 로봇과 감정 인식 AI가 새로운 복지의 대안이 되고 있다. 예술 분야에서도 AI는 작곡, 그림, 무대 연출 등 창작의 영역을 확장시키고 있다. 학생들은 AI 튜터와 함께 자기주도 학습을 강화하고, 소상공인은 AI 기반 마케팅 전략과 소비자 분석을 통해 실질적인 성과를 얻고 있다. 이러한 변화는 단순한 기술 도입을 넘어 삶의 전반적인 구조를 재편하는 흐름으로 이어지고 있다.

기술보다 중요한 것 : 이해와 적응

이처럼 빠르게 변화하는 환경에서 중요한 것은 기술의 발전 속도보다 사람의 이해와 적응이다. 기술은 계속 진보하고 있지만, 사회적 수용성과 제도적 장치는 그 속도를 따라가지 못하는 경우가 많다. AI의 편향, 허위 정보 생성, 프라이버시 침해, 디지털 격차, 교육 불균형, 노동 시장 변화 등은 단순한 기술 문제가 아니다. 결국 우리 각자의 선택과 대응이 미래를 좌우하게 된다. 우리는 단순한 수용자가 아니라, 변화를 주도하고 공동체를 이끌어가는 능동적 참여자가 되어야 한다.

인공지능 시대, 우리가 나아가야 할 다섯 가지 방향

1) AI를 이해하는 시민 되기

단순한 기술 사용자가 아닌, AI의 작동 원리와 한계를 이해하고 평가할 수 있는 시민 역량이 필요하다. 'AI 리터러시(Literacy)'는 이제 전 세대를 위한 필수 소양이다. 초등학생부터 시니어까지 누구나 AI를 비판적으로 수용할 수 있어야 하며, 교육 현장에서는 코딩뿐 아니라 윤리, 데이터 개념, 알고리즘의 투명성과 같은 기본 개념을 함께 가르쳐야 한다. 대학과 직업훈련 기관, 도서관, 주민센터, 온라인 플랫폼 등에서도 AI 교육이 일상화되어야 하며, 디지털 소외 계층을 위한 맞춤형 프로그램도 강화되어야 한다.

2) AI와 협업하는 인간으로 진화하기

AI는 일자리를 단순히 대체하는 존재가 아니라, 인간이 반복적이고 기계적인 업무에서 벗어나 창의성과 공감 능력을 더 잘 발휘할 수 있도록 돕는 파트너다. 디지털 적응력과 AI 활용 역량은 이제 핵심 경쟁력이다. 조직은 AI에 기반한 직무 재설계와 협업 모델을 체계화해야 하고, 관리자와 리더는 AI 기술을 전략적으로 활용할 수 있는 감각을 갖추어야 한다. 예컨대 교사는 AI를 활용한 맞춤형 수업을 설계할 수 있고, 마케터는 AI로 소비자 데이터를 분석해 정교한 전략을 수립할 수 있다.

3) 새로운 직업과 진로를 설계하는 용기

AI는 기존의 직업을 변화시키는 동시에, 전혀 새로운 직업군을 만들어내고 있다. '프롬프트 엔지니어', 'AI 윤리 관리자', '데이터 큐레이터', 'AI 콘텐츠 디렉터' 등은 최근 생겨난 대표적 예다. 진로는 이제 정해진 길을 따르는 것이 아니라 스스로 개척해 나가는 여정이다. 학교와 사회는 이러한 흐름을 반영해 진로 교육과 경력 개발을 재설계해야 하며, 창직(創職)을 장려하는 멘토링 프로그램과 자율적 커리어 탐색 환경을 제공해야 한다.

4) 윤리적 감수성과 사회적 책임

AI는 그 자체로 중립적인 기술이지만, 어떻게 설계하고 사용하는가는 전적으로 인간의 몫이다. AI의 잘못된 사용은 프라이버시 침해, 편향된 판단, 사회적 차별 등 심각한 문제를 유발할 수 있다. 기업의 책임 있는 개발, 정부의 제도적 감시, 시민사회의 지속적인 감시가 필요하며, 사용자 스스로도 기술을 비판적으로 바라보는 눈을 길러야 한다. 정보 해독력(media literacy)은 개인의 필수 역량이 되어야 하며, 민주주의, 다양성, 인권 등의 가치를 보호하기 위한 사회적 토론도 강화되어야 한다.

5) 사람 중심의 기술 활용

AI는 인간을 위한 기술이어야 하며, 인간의 존엄과 삶의 질을 향상하는 방향으로 활용되어야 한다. 효율성과 생산성에만 집중하면 인간의 감정, 관계, 창의성이 소외될 수 있다. 교육, 의료, 복지, 문화, 심리 건강 등 인간 중심의 분야에서 AI가 어떻게 조화롭게 기여할 수 있을지를 고민해야 한다. 장애인을 위한 AI 보조 기술, 정서 케어 로봇, 창작 지원 협업 도구 등은 그 긍정적 사례다. 기술의 방향과 기준은 시민들이 주도적으로 참여하고 감시할 수 있는 구조 속에서 설계되어야 한다.

결론 : 실천하는 개인이 변화의 중심이다.

　우리는 지금 인류 역사상 가장 도전적이고도 흥미로운 전환기에 살고 있다. 인공지능은 피할 수 없는 흐름이지만, 동시에 우리가 설계할 수 있는 미래의 자원이기도 하다. 두려움보다 호기심을, 방어보다 탐색을, 소비보다 창조를 선택할 때 우리는 더 큰 가능성을 만들 수 있다. AI는 적이 아닌, 우리가 길들일 수 있는 거대한 도구이자 동반자다.

　앞으로의 사회는 기술 중심 사회가 아니라 사람과 기술이 조화롭게 공존하는 사회가 되어야 한다. 그리고 그 시작은 거창하지 않다. 일상에서 AI 관련 뉴스레터를 구독하거나, 친구와 함께 AI를 주제로 토론하고, 지역 커뮤니티 워크숍에 참여해 보는 것만으로도 충분하다. 학생은 AI로 과제를 요약하고 피드백을 받을 수 있고, 직장인은 기획서를 정리할 때 AI의 도움을 받을 수 있다. 이러한 작고 구체적인 실천 하나하나가 인공지능 시대를 살아가는 새로운 일상의 기초가 된다. 그리고 그 과정에서 우리는 인간답게 살아가는 법, 더 나은 사회를 만들어가는 지혜를 다시금 얻게 될 것이다.

인공지능을 활용해 문제를 해결하는 방법 10가지

1) 영업팀 - 고객 예측 분석

　AI는 과거 고객들의 구매 시점, 제품 선호도, 구매 빈도 등 다양한 데이터를 분석하여, 어떤 고객이 다음에 어떤 제품을 구매할 가능성이 높은지를 예측한다. 예를 들어, 여름에 캠핑 장비를 구매한 고객은 다음 시즌에도 관련 용품을 구매할 확률이 높다.

➡ 효과 : 영업팀은 구매 가능성이 높은 고객에게 집중하여 시간과 노력을 절약하고, 성공률을 높일 수 있다.

2) 마케팅팀 - 콘텐츠 자동 생성

　AI는 입력받은 주제와 키워드, 그리고 원하는 스타일(예 : 친근하거나 전문적인 톤)에 맞춰 광고 문구, 블로그 글, 소셜미디어 콘텐츠를 빠르게 생성한다. 또한 연령대, 지역, 관심사 등에 맞춰 타깃 고객층별 문구를 추천할 수 있다.

➡ 효과 : 다양한 채널에 맞춤형 콘텐츠를 빠르게 제공해 브랜드 인지도를 높이고, 마케팅 효율을 극대화할 수 있다.

3) 인사팀 - 채용 자동화

　AI는 지원자의 이력서, 자기소개서, 경력 이력 등을 분석하여, 기업이 필요로 하는 인재상에 부합하는 지원자를 빠르게 선별한다. 편견 없이 객관적인 기준으로 평가가 가능하다.
- ➡ 효과 : 채용 시간을 대폭 줄이고, 우수 인재를 놓치지 않으며, 더 공정한 채용이 가능하다.

4) 고객 서비스 - 챗봇 도입

AI 챗봇은 제품 문의, 주문 확인, 환불 요청 등 자주 묻는 질문에 대해 신속하고 정확하게 답변한다. 자연어 처리(NLP) 기술을 이용해 고객 질문의 의도를 파악하고, 복잡한 문제는 상담사에게 연결한다.

- ➡ 효과 : 고객 대기 시간을 줄이고, 상담사는 보다 복잡하고 가치 있는 업무에 집중할 수 있다.

5) 재무팀 - 비용 분석 및 이상 탐지

AI는 매출, 지출, 투자 기록을 지속적으로 모니터링하며, 평소와 다른 이상 거래를 조기에 탐지한다. 예를 들어, 특정 부서의 급격한 비용 증가나 세금 오류를 빠르게 포착할 수 있다.

- ➡ 효과 : 재무 리스크를 사전에 차단하고, 회사 자산을 안전하게 보호할 수 있다.

6) 교육업 종사자 - 맞춤형 학습 제공

AI는 학생의 학습 속도, 문제 풀이 패턴, 오답 유형을 분석하여 개인별 맞춤형 학습 경로를 제공한다. 추가 복습이나 심화 과제도 제안해 학생의 수준에 맞춘 학습을 돕는다.
- ➡ 효과 : 학생은 자신에게 맞는 학습을 통해 스트레스를 줄이고, 성취감을 높일 수 있다.

7) 제조업 - 생산 공정 최적화

AI는 생산 설비의 온도, 진동, 전력 소비 등을 분석하여 고장 가능성을 예측하고, 예방 정비를 제안한다. 또한 생산 스케줄 최적화 방안도 제공한다.
- ➡ 효과 : 생산 중단을 방지하고 유지보수 비용을 절감해 공장의 안정성과 수익성을 높일 수 있다.

8) 법률 전문가 - 문서 검토 자동화

AI는 계약서, 판례, 약관 등의 긴 문서를 빠르게 읽고, 위험 요소나 핵심 조항을 표시한다. 변호사는 이를 토대로 세밀한 검토와 전략 수립에 집중할 수 있다.
- ➡ 효과 : 검토 시간을 단축하고, 문서 오류나 누락 위험을 줄일 수 있다.

9) 의료업 - 진단 지원

AI는 X-ray, CT, MRI 같은 의료 영상을 분석해 초기 단계의 폐암, 뇌졸중 등 육안으로는 쉽게 확인하기 어려운 질병을 조기에 발견한다. 이 정보를 토대로 의사는 보다 정확한 진단과 빠른 치료를 결정할 수 있다.
- ➡ 효과 : 환자의 예후(Prognosis)를 개선하고, 의료기관의 진료 품질을 향상할 수 있다.

10) IT 부서 - 보안 위협 탐지

AI는 회사 네트워크 트래픽을 실시간 모니터링하며, 비정상적인 로그인 시도나 과도한 데이터 이동 등 평소와 다른 이상 활동을 즉시 감지한다. 위협 발견 시 관리자에게 즉각 경고를 보낸다.
- ➡ 효과 : 사이버 공격을 조기에 차단하고, 기업의 데이터 자산과 평판을 보호할 수 있다.

결국 AI는 인간의 강력한 파트너라고 말할 수 있다. 기업과 직업군별로 AI를 적극적으로 활용하면 반복적이고 시간이 많이 드는 업무는 AI가 담당하고, 사람은 창의적이고 전략적인 업무에 집중할 수 있다. AI는 인간의 일을 빼앗는 존재가 아니라, 인간이 더 똑똑하고 효율적으로 일할 수 있도록 지원하는 강력한 도구다. 앞으로는 'AI와 함께 일하는 능력'이 개인의 성장과 기업의 성공을 좌우하는 핵심 역량이 될 것이다.

AI를 잘 활용하는 개인과 조직은 더 빠르게 성장하고, 변화를 주도하며 미래를 만들어갈 것이다.

Epilogue

"멘토를 만나면 삶이 바뀐다.
내가 멘토가 되면 세상이 바뀐다"

책의 첫 장을 넘기며 불안함을 안고 있던 여러분은 지금, 여섯 장의 이야기를 함께 통과해 왔습니다. 그리고 어느새 그 불안함은 작은 확신으로, 때로는 도전의 용기로 바뀌었을 것입니다.

우리는 대학 시절을 '인생의 준비 기간'이라고 말합니다. 하지만 사실은 인생 그 자체입니다. 방황하고, 도전하고, 실패하고, 다시 일어서는 모든 경험이 진짜 나를 만드는 과정입니다. 그 가운데 누군가가 곁에서 손을 내밀어준다면, 그 길은 조금 덜 외롭고, 조금 더 선명해질 수 있습니다. 이 책이 여러분에게 그런 손길이었기를 진심으로 바랍니다.

이 책의 제목처럼, 여러분이 멘토를 만나는 것은 삶의 중요한 전환점이 됩니다. 하지만 이 책의 마지막 페이지를 덮는 지금, 한 가지 더 부탁하고 싶은 것이 있습니다.

"이제는 당신이 누군가의 멘토가 되어보세요."

여러분이 겪었던 고민, 실패, 깨달음, 용기, 그 모든 것이 누군가에게는 소중한 나침반이 됩니다. 선배의 한마디, 친구의 조언, 동생의 이야기에 귀 기울이며 따뜻한 시선을 보내는 것만으로도 여러분은 이미 누군가에게 멘토가 될 수 있습니다.

세상은 연결로 성장합니다. 우리가 받은 응원을 다음 사람에게 전하고, 우리가 배운 경험을 누군가에게 나눌 때, 그 연결은 점점 더 많은 사람들을 성장시키고, 더 따뜻한 사회를 만들어갈 수 있습니다.

지금 여러분 앞에 놓인 길은 어떤 모양일지 모릅니다. 뚜렷하지 않은 길일 수도 있고, 가시밭길일 수도 있습니다. 하지만 중요한 건 그 길 위에 당신이 서 있다는 사실입니다. 그리고 더 이상 혼자가 아니라는 점입니다.

이 책에서 나눈 이야기들을 여러분의 삶에 적용해 보세요. 실패를 두려워하지 말고, 질문을 멈추지 마세요. 그리고 스스로를 믿으세요. 자신이 가는 길이 결국 옳은 길이 되도록 만들어가는 것, 그것이 바로 성공의 진짜 법칙입니다.

끝으로 이 글을 읽고 있는 모든 대학생과 청년들에게 전하고 싶은 말이 있습니다.

"당신은 생각보다 더 강하고, 더 멀리 갈 수 있는 사람입니다. 누군가의 조언보다, 당신 자신에 대한 믿음이 가장 큰 성공의 비결입니다."

여러분의 여정에 아낌없는 응원을 보냅니다.
그리고 언젠가, 여러분이 누군가의 인생을 바꿔줄 진짜 멘토가 되어주기를 기대합니다.
감사합니다.

저자 일동

Appendix

흔히 나오는 질문들과 실전적 답변

진로 설계

Q. 내가 좋아하는 일과 잘할 수 있는 일 중에 어떤 쪽을 택해야 할지 고민이 된다.

A. 내가 좋아한다고 해서 모두 잘할 수 있는 것은 아니다. 따라서 내가 상대적으로 어느 정도 경쟁력을 갖출 수 있는 일을 먼저 해 나가면서 하고 싶은 분야나 일에 대한 준비는 포기하지 말고 중장기적으로 추진해 나갈 것을 추천한다. 자신만의 확실한 전문 분야가 있고, 이와 시너지를 낼 수 있는 2~3개 분야의 일을 할 수 있다면 가장 바람직하다. 이러한 인재상을 T자형 인재라고 한다. 이제 시대의 흐름은 학문이 서로 융합되어 가는 쪽으로 변화되고 있기 때문이다.

Q. 학부에서 복수전공 또는 부전공의 필요성은?

A. 복수전공과 부전공은 학위를 추가로 받는지, 그 여부에 따라 가장 큰 차이가 있다. 복수전공은 주 전공 외에 추가 전공을 이수하여 두 개의 학위를 받을 수 있지만, 부전공은 주 전공 학위만 받고 부전공 이력은 성적증명서에 기록된다. 따라서, 복수전공은 두 전공 모두에서 전문가로 성장하고 싶은 경우, 부전공은 주 전공을 보완하거나 개인적 관심사를 탐구하는 데 적합하므로, 자신의 목표와 상황에 맞춰 선택하는 것이 중요하고 학교나 전공에 따라 제한적 요소가 있을 수 있으므로 면밀한

검토가 필요하다.

예를 들면, 식품공학을 전공하면서 식품영양학을 부전공하여 역량 향상을 꾀하는 경우도 시너지를 낼 수 있지만, 때로는 경영학이나 마케팅과 같은 인문계 분야의 과목을 부전공 또는 복수전공 하는 경우도 생각할 수 있다. 원하는 과가 지금 내가 다니고 있는 과가 아니라, 다른 쪽에 뜻이 있다면, 복수전공을 통해 경로를 재설계할 수도 있는 것이다.

최근 산업계 트렌드가 이공계에서도 인문학을 공부하고 관리직에서도 기술과 관련된 지식 무장이 중요한 경쟁력의 요소로 인정받는 추세여서 학부 때 할 수만 있다면 충분히 가치 있는 미래 준비가 된다고 본다.

Q. 취업 후 학교에서 어떤 활동이나 경험이 가장 도움이 되는지 궁금하다.

A. 다양한 활동을 경험하는 것이 도움이 된다고 생각한다. 특정한 어떤 활동을 추천하기보다 그 활동하는 과정에서 본인이 얼마나 주도적으로 하느냐가 중요한 것 같다. 남들과 같이 설렁설렁하는 것보다 아르바이트나 동아리 활동, 공공 기관에서 하는 활동에 참여하던지, 그 활동을 했을 때 나름대로 어떤 가치관과 목표를 가지고 주도적으로 하는지, 몇 번 경험해 보면 자신감과 대인관계에서 스킬들이 향상된다. 그런 경험이 쌓일수록 자소서나 면접 때 할 수 있는 얘기가 많아질 것이다. 하나를 하더라도 계획과 목표를 가지고 하나씩 차분히 쌓아가면 큰 자산이 되는 것이다.

취업 준비

Q. 취업 시 석사, 박사 학위가 꼭 필요한가?

A. 높은 지식을 토대로 기술 연구를 해야 하는 R&D(연구개발) 직무에는 직무 내용이나 회사 내 위치 등을 고려할 때 석사 이상의 학위가 거의 필수라고 본다. 물론, 학사 출신도 R&D 부문에서 일하는 인력이 있지만 그 업무의 범위와 깊이는 제한적일 수밖에 없다. 그러나 품질관리, 생산관리, 영업, 마케팅 등의 직무에서는 학사 학위만으로도 일하는 데 크게 지장이 없고, 오히려 직무에 비해 과잉스펙은 악영향을 끼칠 수도 있다. 즉, 학위 등 스펙보다 더 중요한 것은 지원자가 가진 기본 역량이라고 강조하고 싶다.

Q. 합격에 필요한 자격증이나 대외 활동 경력은?

A. 자격증이나 대외 활동도 기승전 직무 적합성이라고 할 수 있다. 해당 직무를 수행하는 데 꼭 필요한 자격증이 의미가 있는 것이며, 대외 활동도 마찬가지다. 즉, 전시회나 입상 콩쿠르와 같은 대외 활동은 마케팅 직무에는 중요한 경력이 되지만, 생산관리 직무에는 불필요한 경력이다. 더 중요한 점은 이런 경력 또는 스펙을 확보했다는 것에 그치지 않고, 이를 통해 무엇을 느끼고 배웠고 나의 역량 향상에 어떤 도움이 되었는지를 어필할 수 있어야 한다는 것이다.

Q. 회사가 바라는 인재상과 가장 중요한 역량은?

A. 회사가 원하는 인재상을 알기 쉽게 표현한다면 '말이 통하고, 함께 일할 수 있고, 문제를 해결할 수 있는 사람'이라고 할 수 있다. 즉, 이 말을 필요 역량으로 바꾸어 얘기하면 의사소통 능력, 협업 능력, 문제해결 능력이 된다. 이 세 가지 역량은 어느 직무에서나 공통적으로 요구되는 필수 역량이라고 할 수 있다. 또 다른 표현으로, 회사는 인재(人災)가 아닌 인재(人才)를 원한다. 즉, 지금 당장의 능력보다는 어려운 환경 여건을 적극적으로 극복해 가며 꾸준히 성과를 내고, 함께 성장할 수 있는 인재를 원하는 것이다. 열정과 긍정 마인드 또한 면접관들이 기본적으로 확인하고 유심히 보는 요소다.

Q. '내가 잘 적응할 수 있을까?' 걱정이 된다. 이런 걱정들을 어떻게 이겨내야 할까?

A. 취업을 앞두고 막연한 불안감, 조직 내 적응에 대한 자신감 결여 등 누구나 걱정을 하게 마련이다. 이를 이겨내는 근원적인 방법은 나 자신의 실력은 물론이고 자존감을 키우는 일이다. 자존심과 자존감을 구분하지 못하는 경우가 많은데, 자존심이란 상호 경쟁 관계에서 내가 상대적으로 느끼는 열등감인 반면, 자존감은 경쟁 관계와는 상관없이 나 스스로 자신을 인정하고 가치를 존중할 줄 아는 마음이기 때문에 어려운 상황에서도 자존감이 충분하다면 자신을 지킬 수 있는 것이다. 따라서, 부질없는 자존심은 버리고 자존감을 키워가는 방법이 바람직

한 자기관리의 길이 된다.

자존감을 키우는 방법으로는 우선 건강을 확보해야 하고, 평소에 작은 기쁨과 성취를 자주 하는 습관을 들이는 소확행, 소확성 지향적인 생활을 해 나가는 것이 좋다. 마음 관리로는 인간은 본래 완벽하지 않음을 인정하고 무리한 꿈이나 목표에서 벗어나 합리적인 조정을 하는 편이 바람직하다. 또한 평소에 봉사 활동, 재능 기부나 환경보호 활동을 습관화하는 것도 자존감을 높이는 데 큰 도움이 된다.

커리어 성장

Q. 기업에서 한 분야의 스페셜리스트로 성장하는 것과 제너럴리스트로 성장하는 것 중 어느 쪽이 더 좋은지 알고 싶다.

A. R&D와 같이 기술적 역량이 크게 요구되는 분야는 스페셜리스트로 성장하는 쪽이 바람직하다. 그러나, 대인관계나 협업이 더 중요한 분야에서는 제너럴리스트가 유리한 경우가 많다. 특히, 기업의 임원 레벨에 오르면 제너럴리스트로 성장하는 편이 훨씬 더 많은 역할을 맡게 되는 경우가 많다. 전문가는 스태프로 두면 충분하기 때문이다.

디지털 기술이 발달하고 AI 기술의 적용이 보편화될수록 스페셜리스트보다는 시스템 전반을 운영하고 통제하는 제너럴리스트의 수요가 증가할 것으로 생각한다. 물론, 그 선택은 개인의 성향이나 학력, 경력에 따라 달라질 수 있고, 선택은 오롯이 각자의 몫이다.

Q. 대기업과 중소기업에 취직하는 경우의 각각 장단점은 어떤 게 있을까?

A. 대기업에 입사하면 업무 매뉴얼 등 제반 시스템이 잘 갖추어져 있고 선배가 일정 기간 OJT를 해주기 때문에 업무를 체계적으로 배울 수 있다. 그러나 업무 분담이 세분화되어 있어 한 사람이 맡는 업무 범위는 제한적이기 때문에 초기에는 폭넓은 일을 해 볼 수가 없다.

반면에, 중소기업에서는 사람 수가 모자라고 업무 시스템이 잘 갖춰지지 못한 경우가 많아 초기에 일을 배우기가 매우 어렵고 많은 시행착오를 피할 수가 없는 것이 보통이다. 그러나 상대적으로 한 사람이 많은 일을 처리해야 하므로 다소 힘들지만 폭넓고 깊은 일을 경험할 기회는 더 많다.

중소기업에서 역량 발휘에 성공하여 성과를 올린 사람이 대기업에 스카우트되어 성공하는 경우가 있지만, 반대로 대기업에서 잘나가던 사람이 중소기업에 가면 의외로 잘 적응하지 못하는 경우가 많은 것이 현실적 제약이자, 성장 환경의 차이에서 오는 적응력의 차이를 말해준다.

Q. 입사 후 대학원이나 MBA 진학 또는 해외 연수 등의 기회를 잡으려면 어떻게 준비해야 하나?

A. 기업의 규모와 재정 상태, 기업문화에 따라 달라질 수 있기 때문에 입사 전에 그 가능성에 대해 미리 알아보고 지원할 필요가 있다. 학업의 기회를 잡으려면, 우선 업무 성과가 우수하고 근무태도가 양호하여 사내에서 육성해야 할 인재로 평가받아야 한다. 특히, 업무와 밀접한 관련성이 있어야 함은 물론이며, 대부분의 기업에서는 학업의 기회를 주는 대신에 일정 기간 퇴사에 제약을 두는 조건을 전제로 하는 경우가 많다.

출간후기

삶의 방향을 스스로 설계하도록 돕는 힘

권선복 | 도서출판 행복에너지 대표

출판사 대표로서 수많은 원고를 접하며 살아왔습니다. 그러나 『꿈, 일, 그리고 삶, 멘토를 만나라』를 처음 읽었을 때의 감동은 지금까지 읽어온 그 어떤 책과도 달랐습니다. 그 순간 저는 직감했습니다. 이 책은 단순히 글자의 나열이 아니라, 누군가의 삶을 근본적으로 변화시킬 수 있는 특별한 힘을 지닌 책이라는 것을.

우리는 모두 청춘의 시절을 지나왔습니다. 앞이 보이지 않아 막막했던 날들, 실패와 좌절로 발걸음이 멈추었던 순간들, 끝없는 고민 속에 길을 잃었다고 느끼던 때가 있었습니다. 그때 누군가 지금 내가 어디쯤 와 있는지 알려주고, 다시 나아갈 용기를 북돋아 주는 멘토가 곁에 있었다면 얼마나 좋았을까요. 바로 그런 존재가 절실한 순간, 이 책은 독자에게 다가와 현실적인 성공의 지도이자 따뜻한 삶의 멘토가 되어 줍니다.

『꿈, 일, 그리고 삶, 멘토를 만나라』는 청년들이 스스로의 삶을 설계할 수 있도록 이끌어 주는 나침반입니다. 자기 이해와 진로 설정, 후회 없는 대학 생활의 설계, 현직자들의 생생한 경험담, 면접과 취업 전략, 대학원과 연구직 선택, 그리고 커리어 성장을 위한 지혜까지… 여섯 개의 장에서 펼쳐지는 생생한 조언들은 단순한 취업의 정답을 넘어섭니다. 이 책은 독자에게 "나는 누구인가, 나는 어떤 삶을 살고 싶은가"라는 근원적인 질문을 던지며, 삶을 더욱 깊고 단단하게 만들어 줍니다.

저자들이 고백했듯, "대학생들이 자기 삶의 방향을 주도적으로 설계할 수 있도록 돕고 싶다"는 소망이 이 책의 출발점입니다. 오늘의 청년들은 누구보다 치열하고 불안한 시대를 살아갑니다. 그 현실 속에서 이 책은 분명히 흔들림 없는 나침반이 되어 줄 것입니다.

『꿈, 일, 그리고 삶, 멘토를 만나라』는 단순한 진로 지침서가 아닙니다. 이 책은 청춘의 어깨를 토닥이며, "너는 잘하고 있어. 다시 시작할 수 있어."라는 따뜻한 목소리를 전해줍니다. 그리고 혼란 속에 길을 잃은 청년들에게 다시 일어설 용기를 주며, 한 세대가 자기 삶의 주인공으로 성장할 수 있도록 길을 밝혀주는 책입니다.

좋은 **원고**나 **출판 기획**이 있으신 분은 언제든지 **행복에너지**의 문을 두드려 주시기 바랍니다.
ksbdata@hanmail.net   www.happybook.or.kr   문의 ☎ 010-3267-6277

'행복에너지'의 해피 대한민국 프로젝트!

〈모교 책 보내기 운동〉 〈군부대 책 보내기 운동〉

한 권의 책은 한 사람의 인생을 바꾸는 힘을 가지고 있습니다. 한 사람의 인생이 바뀌면 한 나라의 국운이 바뀝니다. 그럼에도 불구하고 많은 학교의 도서관이 가난하며 나라를 지키는 군인들은 사회와 단절되어 자기계발을 하기 어렵습니다. 저희 행복에너지에서는 베스트셀러와 각종 기관에서 우수도서로 선정된 도서를 중심으로 〈모교 책 보내기 운동〉과 〈군부대 책 보내기 운동〉을 펼치고 있습니다. 책을 제공해 주시면 수요기관에서 감사장과 함께 기부금 영수증을 받을 수 있어 좋은 일에 따르는 적절한 세액 공제의 혜택도 뒤따르게 됩니다. 대한민국의 미래, 젊은이들에게 좋은 책을 보내주십시오. 독자 여러분의 자랑스러운 모교와 군부대에 보내진 한 권의 책은 더 크게 성장할 대한민국의 발판이 될 것입니다.

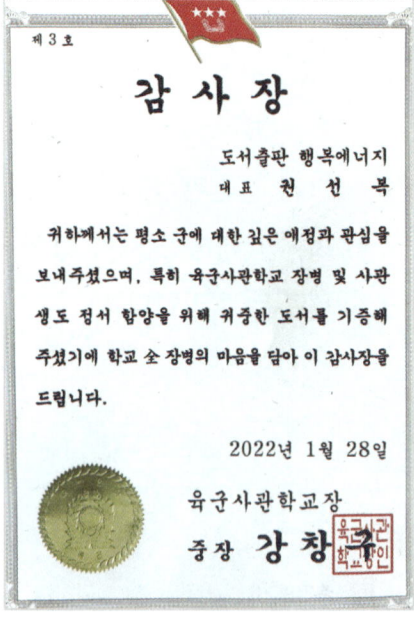